ME D'OR DU 37E FESTIVAL DE CANNE
WIM WENDERS (AFP 17H ... BUE
OMBATS : LE CROISEUR ... BEL
25 NOVEMBRE 1959... GERARD ... HIL
H46)-FLASH...PARIS, 02 NOVEMBRE
LA POLICE (AFP 15H44)-PARIS, 30
LIBERATION DES EPOUX CLAUSTRE (
... POLOGNE : TELEPHONE ET TELEX
IE, 13 DECEMBRE 1981...LE SIEGE
LES FORCES DE L'ORDRE (AFP 00H3
AT SADATE : RADIO TRIPOLI ANNONC
05 JUIN 1983...LE FRANCAIS YANNI
ANDER 6/2, 7/5, 7/6 REMPORTE LE
DE FRANCE DE TENNIS (AFP 17H33)-
R RONCALLI, PATRIARCHE DE VENISE
TICAN, 28 OCTOBRE 1958...RONCALL
6)-FRONTIERE ALLEMANDE, 01 MAI 1
HITLER EST MORT ET QUE L'AMIRAL
SCOU, 05 MAI 1945...LA RADIO SOV
: ON ANNONCE, DE BERLIN, QUE LE
T PAS ENCORE ETE DECOUVERTS. HAN
FUHRER AVAIT ETE SOIGNEUSEMENT C
3H50)-FLASH...NEW DELHI, 31 OCTO
E(AFP 07H50 GMT)-MUNICH, 05 SEPT

CW01662897

Conference de Presse Octobre 1985
Hôtel Sofitel Paris
Août 1986

COLLECTION ARRET SUR L'IMAGE

AFP 150 ANS D'AGENCE DE PRESSE

BPI Centre Georges Pompidou / Editions BEBA

Collection « Arrêt sur l'image » dirigée par la Bibliothèque Publique d'Information. Ouvrage édité à l'occasion de l'exposition : « L'AFP, 150 ans d'Agence de Presse » présentée à la BPI du Centre Georges Pompidou, du 25 octobre 1985 au 20 janvier 1986 sous la responsabilité de Luce Marie Albiges et Claude Collard pour la BPI, Danièle Deruy pour l'AFP et Philippe Amblard pour les éditions BEBA.

Maquette : Anne Boyer / En couverture : photo Rémy Poinot

© 1985 BPI/CENTRE GEORGES POMPIDOU ET EDITIONS BEBA, PARIS.

150 ans d'agence de presse

Chacun de nous, aujourd'hui, vit en direct avec l'actualité du monde. L'éruption du volcan qui détruit une ville entière, le coup d'Etat qui change le destin d'un pays, le champion qui bat un nouveau record, tous entrent immédiatement dans nos foyers par la radio, la télévision, la presse, sans considération de distance et pratiquement sans délai. Mais rien de cela ne serait possible sans les agences. « Journaux des journaux », « grossistes » en information, les agences veillent en permanence dans tous les points du monde et s'efforcent de collecter et de distribuer partout l'information dont nous sommes devenus boulimiques.

Aucun journal, aucune radio, aucune télévision ne peut rassembler les moyens nécessaires à la présence partout de centaines de journalistes et correspondants. Seules, quelques agences le font pour l'ensemble des médias. Bien qu'universel et omniprésent, le phénomène des agences est mal connu. Inégalement citées par les médias qui reproduisent leurs dépêches, elles sont pourtant la source de la plupart des informations diffusées.

Elles assument une triple fonction de collecte, de traitement et de transport de l'information utilisée ensuite par la presse. Par le biais de l'abonnement qu'ils paient aux agences, les organes de presse contribuent à financer collectivement ces frais de surveillance permanente sur les lieux où se produit – ou risque de se produire – l'information, c'est-à-dire dans le monde entier.

Les agences distribuent aux organes de presse leurs « services », le plus souvent identiques pour tous les abonnés d'un même pays ou d'une même région. La distribution est faite, généralement par des liaisons télégraphiques permanentes – c'est le traditionnel télescripteur dont le cliquetis se fait entendre nuit et jour dans toutes les salles de rédaction du monde. Cette production d'agence est utilisable librement par les abonnés ; ils peuvent en remplir leur colonne (avec ou sans la mention d'origine), ou en extraire quelques éléments seulement, publiés isolément ou insérés dans des articles rédigés par leurs propres journalistes. Le caractère de « matière première » de l'information d'agence détermine des règles rigoureuses appliquées au traitement des nouvelles. Factuelles, précises, complètes, se référant toujours à une source, les dépêches d'agence s'efforcent d'être impartiales. Elles doivent pouvoir être utilisées par n'importe quel organe de presse, quelles que soient ses préférences politiques, philosophiques ou religieuses.

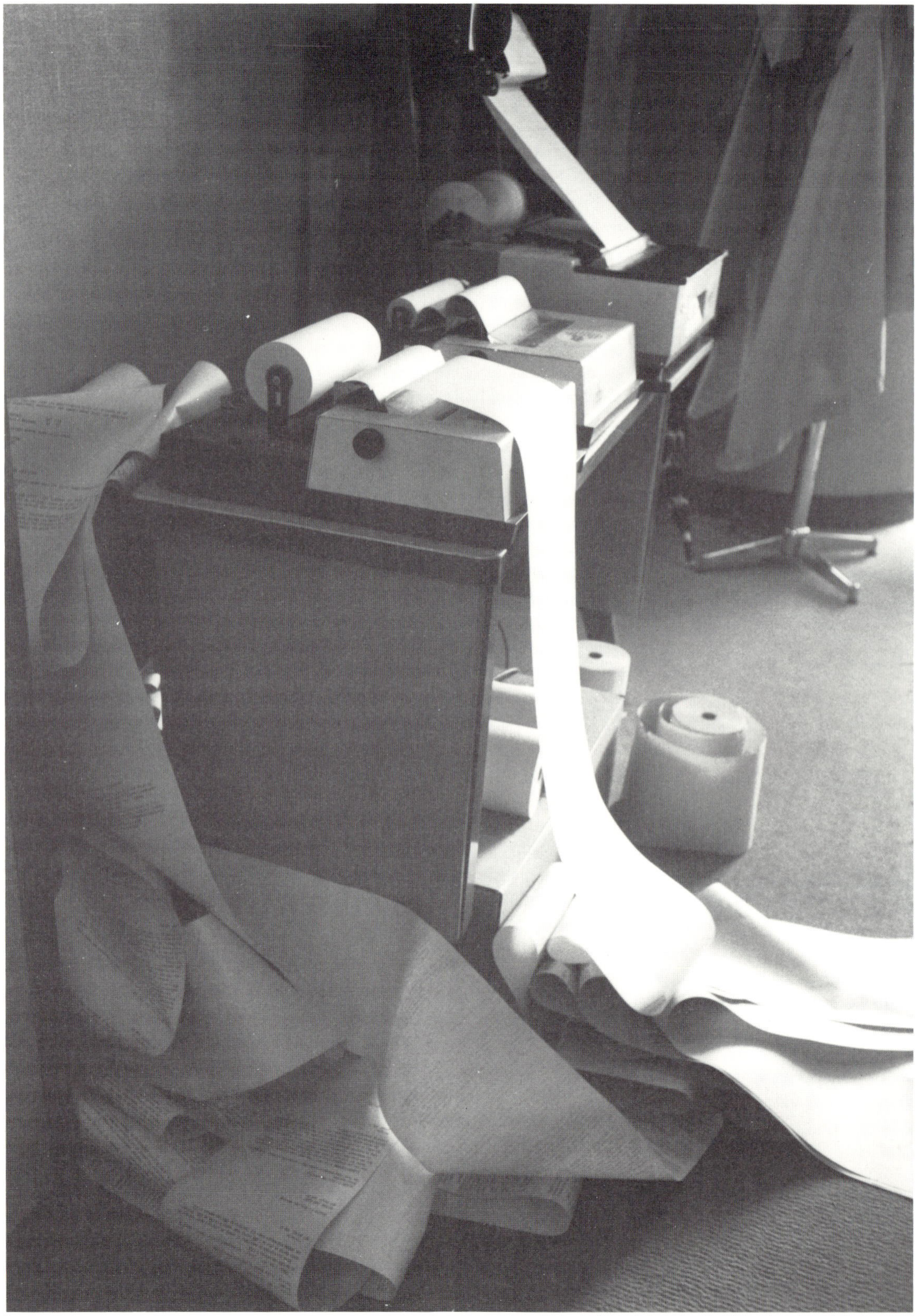

S'efforçant d'être aussi objective que possible – mais que signifie ce mot ? – l'information d'agence s'efforce en tout cas de chasser toute subjectivité et met son ambition dans l'honnêteté et la rigueur professionnelle. En réalité, la vérité de l'information ne dépend pas seulement de celui qui l'émet. Elle se nuance, s'enrichit ou s'appauvrit tout au long de la chaîne des médias et nécessite ainsi leur multiplicité et leur concurrence. Elle se réalise enfin chez celui qui la reçoit en fonction de sa culture propre et de la pluralité des sources dont il aura disposé.

UN SYSTEME UNIVERSEL ET PLURALISTE

Au-delà des agences « nationales » qui se cantonnent dans la collecte et la diffusion des nouvelles concernant leur pays, des agences « internationales » qui étendent leur couverture à un nombre plus ou moins grand de pays, les agences « mondiales » se caractérisent par une présence dans tous les pays sans exception, autant pour collecter l'information que pour la distribuer. Elles ne sont pratiquement plus que trois dans le monde occidental. Une américaine : Associated Press (AP), une britannique : Reuter et une française : l'AFP (Agence France-Presse). Le monde socialiste compte deux grandes agences : une soviétique Tass et une chinoise Chine Nouvelle qui, malgré des implantations comparables à celles des autres, sont cependant profondément différentes dans la mesure où elles sont des administrations publiques, diffusant les informations qui résultant du choix politique des gouvernements dont elles dépendent.

D'une façon générale, désormais, les journaux réclament aux agences, au-delà de l'information brute traditionnelle, des textes quasiment prêts à imprimer, des synthèses et des analyses. Nécessité de gestion des entreprises de presse ou facililités nouvelles offertes par la technologie, ce mouvement semble irréversible et comporte indéniablement un danger d'uniformisation de la presse. Ce risque était déjà celui que dénonçait Balzac dès 1840...

Le rôle des agences ne s'arrête cependant pas au service de la presse. Le caractère complet, universel et reconnu honnête de leurs dépêches fait utiliser celles-ci par tous ceux qui ont besoin d'une information sûre pour leur activité professionnelle. C'est le cas des diplomates et des politiques pour qui le télescripteur d'agence est un instrument de travail permanent. C'est le cas aussi des responsables des grandes entreprises qui savent depuis longtemps qu'une information sûre, précise et reçue à temps peut représenter un investissement important. Cependant la diversification du marché de l'information n'a guère modifié le lien privilégié qui demeure encore entre les agences de presse et les médias.

Souvent organisées en coopératives de presse, les grandes agences fonctionnent comme des journaux. La responsabilité des journalistes y est la même que dans la presse écrite en application du principe simple inscrit dans la Déclaration des Droits de l'Homme : « Chacun peut parler et écrire librement ». Liberté, responsabilité et exigence professionnelle élevée s'imposent ainsi au journaliste d'agence.

Tout autour du monde s'est ainsi constitué, par l'intermédiaire des grandes agences, un système permanent de circulation et d'échange des informations de toute nature. Pluraliste et concurrentiel, ce système laisse à chaque utilisateur la responsabilité de ses choix et de ses jugements. Indépendant des Etats, il est un témoin aussi neutre que possible de la réalité internationale.

Aucune agence ne prétend à la vérité absolue. La vérité résulte finalement du pluralisme des sources et de la concurrence. Ce système permet aux citoyens, à travers les médias, mais aussi aux entreprises et aux gouvernements, de connaître pour savoir, pour juger et pour agir.

Dans le club restreint des agences mondiales, l'AFP occupe une place originale. Héritière directe d'Havas, créée en 1835, la plus ancienne des agences de presse est aussi la seule à ne pas être anglo-saxonne. Reconstruite en 1944 sur les ruines de l'Agence Havas Information, elle a été dotée en 1957 d'un statut proche de celui d'une coopérative de presse.

Objet de longs débats et résultat de la persévérance de ses auteurs et promoteurs, ce statut put dégager l'AFP du contrôle de la puissance publique et lui permit de conforter la crédibilité que lui conférait déjà une tradition plus que séculaire et une qualité reconnue.

Depuis près de trente ans, c'est ainsi que la presse française, majoritaire au Conseil d'Administration, assume la responsabilité de l'AFP et garantie son indépendance avec l'aide du Conseil Supérieur, gardien des obligations fondamentales du statut.

Présente dans cent-soixante pays où elle collecte et distribue de l'information, l'AFP emploie deux mille agents permanents dont huit cent cinquante journalistes. Dotée des équipements les plus modernes de télécommunications, d'informatique et de traitement électronique de la photographie, elle ne distribue plus seulement des dépêches écrites mais également des photos, des informations radiophoniques, des services d'informations spécialisées notamment économiques et sportives. Elle gère également des banques de données (Agora) qui permettent l'accès immédiat à toute l'information diffusée ces dernières années par l'AFP.

La clientèle de l'AFP est celle de tous les principaux médias du monde, celle des administrations publiques de tous les pays, celle de très nombreuses entreprises. Ainsi, aujourd'hui, plus de deux milliards d'êtres humains lisent ou écoutent chaque jour ses informations.

L'AFP, comme les autres grandes agences, n'agit pas seule. Des accords de coopération la lient à la plupart des agences nationales existantes. Dans les pays en voie de développement, ces accords s'étendent à la formation des cadres et aux échanges techniques. Dans certains pays comme le Japon, ils constituent de véritables opérations communes. En Europe, pour la photo, une formule communautaire originale a vu le jour en 1984, l'EPA (European Press Photo Agency), première agence internationale intégrée de photos de presse qui domine déjà très largement le marché européen.

LIBREVILLE
DAKAR
VALISE
BONN
KINSHASA
BRUXELLES
LAGOS
MONTREAL
HANOI
LA HAVANE
MOSCOU
SYDNEY
VALISE

La seconde période ouverte par le premier conflit mondial fut beaucoup plus mouvementée. L'ancien système céda devant les rivalités économiques et politiques. Les principes mêmes sur lesquels les agences avaient fondé leur activité furent souvent remis en cause. L'apparition de nouveaux médias, notamment audiovisuels, et de nouvelles révolutions techniques obligèrent les agences à redéfinir leur équilibre économique. Le commerce international de l'information ne fait plus aujourd'hui l'objet d'une entente universelle. L'Europe a perdu son exclusivité même si elle demeure très présente. L'AFP, qui a succédé à Havas Information, a dû repartir de zéro en 1945, mais elle a reconquis sa place pour jouer à nouveau un rôle clef dans le marché international de l'information.

Le monde des soixante-dix dernières années, très différent de celui qui l'a précédé, s'est élargi et divisé. L'Europe n'en est plus le centre. Enjeu entre l'Empire de l'Est et celui de l'Ouest, elle a recherché des équilibres successifs toujours espérés et rarement consolidés. L'idée de liberté n'est plus sacrée. Des idéologies nouvelles, ou plutôt ressuscitées, ont fait passer les droits de l'individu derrière ceux de l'Etat ou du Parti, tandis que les priorités du développement économique faisaient de la liberté un luxe pour peuples riches. L'information redevenait un instrument, voire une arme dont les pouvoirs politiques entendaient se réserver l'usage. Le débat sur la liberté, ouvert en 1917 n'est pas clos. Renouvelé après le second conflit mondial puis avec les indépendances des pays nouveaux, il se poursuit encore dans les instances internationales.

Dans l'entre-deux guerres, les temps devinrent difficiles pour les grandes agences, Wolff fut vite anéantie, Havas et Reuter victimes de la crise économique, résistaient avec peine et étaient souvent contestées lorsque la seconde guerre mondiale éclata. Havas Information y succomba. Elle ressuscita cependant en 1944 sous le nom d'AFP au moment où un nouveau système international semblait s'instituer sous la domination des agences américaines. Difficile fut la reconstruction. En une douzaine d'années cependant, l'AFP avait rétabli son réseau mondial et retrouvé le statut d'indépendance qui lui était indispensable. Les acteurs du renouveau s'appelaient Maurice Negre, Paul Louis Bret et surtout Jean Marin qui, en vingt ans, allait réinstaller l'AFP au premier rang.

Le système nouveau se caractérisa par la compétition de quatre agences AP, UPI, Reuter et AFP. Finis les partages du monde et les ententes. La concurrence devint reine non seulement entre les quatre mais aussi avec les nouvelles agences internationales qui avaient pu renaître en Allemagne, en Italie, en Espagne, au Japon puis dans certains pays nouveaux. Parallèlement, les pays socialistes développèrent leur propre système, dans une autre logique, celle de l'information au service d'une idéologie et d'un pouvoir.

Rien n'étant cependant jamais acquis, une nouvelle révolution technique bouleversa le fragile équilibre de l'après-guerre. Tout commença en 1958 avec le premier satellite qui entraîna l'explosion des télécommunications. Quelques années plus tard, l'ordinateur apporta de nouvelles possibilités de gestion des nouvelles et rendit caduc l'usage du papier. Aussi importantes que l'arrivée du télégraphe électrique, ces nova-

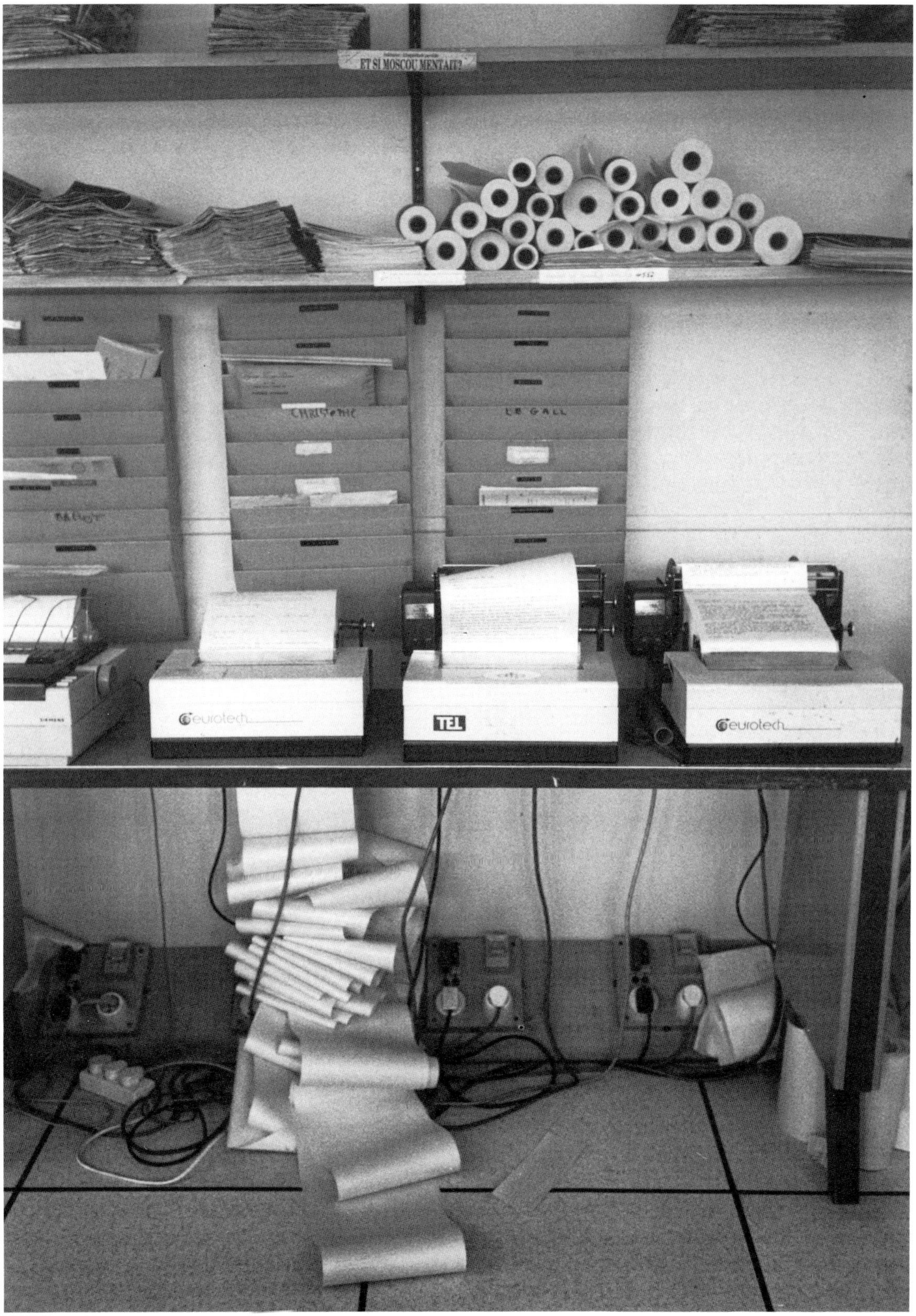
ET SI MOSCOU MENTAIT?
LE GALL
eurotech
TEL
eurotech

tions techniques changèrent radicalement le fonctionnement des agences. Elles en changèrent aussi l'économie. Dans le même temps, l'information écrite, les dépêches classiques, furent complétées par d'autres formes d'informations, photographiques, radiophoniques et télévisuelles exigeant elles aussi de lourds investissements.

La compétition s'élargissait. L'une des quatre grandes agences, UPI, n'y résistait pas. Reuter qui, la première avait su maîtriser la collecte et la gestion des données financières, y gagnait une prospérité digne de celle de l'âge d'or du XIXe siècle.

L'AFP, souffrant de l'étroitesse de son marché intérieur, risquait de prendre quelque retard. Cependant, forte des positions qu'elle avait su reconquérir, elle s'engagea à son tour dans le renouveau au cours des années soixante-dix, investissant massivement, diversifiant ses activités et approfondissant sa coopération avec divers partenaires, notamment en Europe et en Extrême-Orient. Ayant renouvelé ses atouts et fidèle à sa longue tradition, elle accomplit ainsi un véritable sursaut pour aborder les perspectives de la fin du siècle avec à la fois la confiance que lui confère l'ancienneté de ses origines et l'esprit de conquête de sa nouvelle jeunesse.

AUJOURD'HUI COMME HIER : LES MEMES DEFIS

L'AFP, comme les autres agences, n'est plus aujourd'hui seulement une agence de presse. Elle est de plus en plus une agence d'information distribuant des « produits » de plus en plus nombreux et spécialisés à des clients de plus en plus diversifiés.

Les défis qu'elle doit affronter demeurent cependant les mêmes que ceux qu'elle a dû relever pendant cent cinquante ans d'efforts constamment renouvelés. Ils sont et demeureront techniques, économiques et politiques.

Le défi technique est depuis l'origine indissociable de la vie des agences de presse. Dès lors que l'on en fait le commerce, il ne suffit pas d'avoir l'information, il faut aussi la transmettre de la façon la plus rapide et la plus fiable possible. C'est ce qui détermine sa valeur marchande. Comme l'indique souvent leur nom, les agences de presse sont le produit du télégraphe électrique. La vitesse de transmission est une de leurs préoccupations essentielles et un des facteurs de la vive concurrence qu'elles se livrent dans le monde. Depuis vingt ans, les satellites et l'informatisation des transmissions ont multiplié les capacités de communication exigeant dans le même temps des investissements considérables. Le mouvement n'est pas terminé : les satellites à diffusion directe, les fibres optiques, la miniaturisation des circuits intégrés et les progrès des techniques numériques ouvrent de nouvelles perspectives.

Parallèlement, l'ordinateur offre aux agences de presse de larges possibilités d'automatisation, de simplification d'opérations et de diversification d'activités. Aujourd'hui, le journaliste d'agence ne noircit plus de papier. Il dialogue avec l'ordinateur. Dans l'information distribuée, la valeur ajoutée informatique représente une proportion croissante et parfois même majoritaire dans le cas de l'information économique par exemple. Les agences sont devenues des centres informatiques hautement sophistiqués. Elles entretiennent des laboratoires de recherche, déposent des brevets et se livrent à une compétition technique autant que rédactionnelle. Tel est le cas de l'AFP qui, en quelques années, a acquis une des premières places dans la mise au point de la transmission numérique et du traitement électronique des photos de presse.

La nouvelle donne technologique a eu, et continue d'avoir des effets sur les techniques de presse. Les bouleversements apportés par l'offset, la composition automatique, la photocomposition qui supprime l'usage du plomb et enfin le fac-similé pour l'impression à distance n'ont pas seulement transformé les journaux. Ils ont modifié leurs façons d'utiliser l'information et donc la demande de services qu'ils formulent aux agences.

Nouvelles techniques, nouveaux médias, apparition de la télématique, services de télétexte développés dans le monde entier, prolifération des banques de données reliées entre elles par des réseaux internationaux toujours plus denses, toutes ces novations ont appelé de nouvelles réponses de la part des agences. On a même pu se demander si la diversification des médias et celle des techniques de transmission rendraient encore nécessaire l'existence des grandes agences et si celles-ci ne pourraient pas tout simplement être remplacées par des liaisons directes et automatiques entre médias.

C'était oublier l'apport journalistique des agences, leur rôle régulateur et le service universel qu'elles rendent à la collectivité internationale. C'était sous-estimer la capacité d'adaptation aux techniques nouvelles qui les caractérise depuis leur origine. L'absorption massive de ces techniques nouvelles comportait des risques professionnels. Quels que soient les changements de méthodes imposés, les agences se sont cependant efforcées de garder leur âme et leur finalité en faisant en sorte que la technique ne reste qu'un moyen. Elles en ont profité pour élargir la gamme de leurs services. Elles ont fait de la télématique et des banques de données avant même que ces termes soient définis.

Le défi économique reste crucial. Une agence ne peut être libre, indépendante et donc fiable que si elle est une entreprise compétitive. Les grandes agences ont surmonté le rétrécissement de leur marché traditionnel par la mise en œuvre de services d'informations spécialisées plus solvables que l'information générale.

Curieux commerce que celui des nouvelles. L'information est, en effet, une des matières premières les plus périssables mais l'usage que l'on en fait ne la dégrade pas. Chacun s'attend à l'obtenir quasi gratuitement comme l'eau ou l'air, mais sa collecte coûte de plus en plus cher. Trop noble pour être qualifiée de marchandise, elle n'en constitue pas moins un marché. C'est de la vente des informations que les agences tirent leurs ressources, et assurent donc leur indépendance et leur crédibilité.

Un équilibre économique « spontané » s'était établi, à l'origine, entre les agences et le marché de la presse écrite. Cet équilibre a été remis en cause par la nouvelle répartition des médias : presse écrite en stagnation, voire en régression, radio, télévision en expansion, mais avec des besoins réduits d'information. Un fossé s'est creusé entre un marché traditionnel de moins en moins capable de payer à son juste prix l'information, et les coûts de fabrication de cette information qui ne cessent d'augmenter au rythme des investissements en ordinateurs et en transmission et pour entretenir des milliers de professionnels répartis dans le monde entier. Les nouveaux médias audiovisuels et électroniques, ne compensant pas, tant s'en faut, les rétrécissements du marché de la presse écrite, une conclusion s'imposait dès lors : pour la survie du système international de l'information, le marché des médias longtemps dominant, voire exclusif, devait être dépassé. Ce fut le début des services d'informations spécialisées destinées aux entreprises et professionnels en tous genres.

Paradoxalement, si l'information générale coûte, de plus en plus cher à collecter alors qu'elle se vend de moins en moins cher, l'information spécialisée voit, en revanche, ses coûts de production évoluer moins vite, alors que son prix de vente intégré aux services bancaires, industriels et commerciaux progresse plus vite en suivant la tendance économique générale. Cette inévitable mutation économique comportait un grand risque. Les agences n'allaient-elles pas assurer leur survie financière en abandonnant leur finalité professionnelle et en sacrifiant trop aux nécessités du commerce ?

L'AFP s'est efforcée d'écarter cette tentation. Tout en se diversifiant activement, elle a renforcé ses liens avec les médias français et internationaux en développant ses services destinés à la presse écrite. La part des ressources fournie par la vente d'informations spécialisées aux entreprises est en croissance dans son chiffre d'affaires, mais la finalité et l'éthique de l'Agence demeurent les mêmes : fournir le plus vite et le plus complètement possible une information exacte et digne de confiance. Aujourd'hui comme hier, c'est à partir de ses services généraux couvrant toute l'actualité qu'elle entend diversifier ses marchés.

Le défi de la liberté demeure le troisième défi permanent auquel l'AFP, comme les autres agences, est confrontée. Ce défi n'est pas seulement fonction des menaces extérieures. Il est lié aussi très étroitement à la qualité de l'information produite.

Par leur nature même les agences entretiennent inévitablement des relations délicates avec les pouvoirs, tous les pouvoirs. Truchement naturel entre eux et les autres médias ou l'opinion publique, l'agence de presse engendre fatalement des tentations d'influence. Tout pouvoir souhaite utiliser au mieux l'information, et le journaliste risque souvent d'être un témoin gênant ou un partenaire involontaire et peu maniable.

La tradition libérale a, néanmoins, conduit les pouvoirs politiques à tolérer cet interlocuteur ombrageux qu'est la presse et à en respecter l'indépendance. Or, une agence n'est rien d'autre qu'un organe de presse avec toutes ses qualités et toutes ses limites et ses journalistes sont des journalistes comme les autres.

L'histoire d'Havas Information et de l'AFP a parfois illustré la fragilité de la liberté de la presse, les tentations qu'elle engendre de tous côtés et la vertu, toujours aléatoire, qu'elle exige des uns et des autres. Depuis près de trente ans, l'AFP bénéficie d'un statut souvent surprenant pour les juristes, mais qui lui a toujours permis de

A F P
A F P

résister aux tentations extérieures et qui, jusqu'au jour où ces lignes sont écrites, a bien assuré sa fonction protectrice.

Grande serait l'erreur de croire que cette garantie est absolue et suffisante. L'indépendance des ressources est une nécessité permanente et indispensable pour laquelle l'AFP n'a pas cessé de multiplier ses efforts ces dernières années. La qualité et la rigueur des informations produites sont des protections essentielles et indispensables. Rien n'est moins attaquable qu'une information exacte et complète. La rigueur professionnelle du journalisme d'agence n'est pas seulement la condition de son efficacité, elle est aussi la principale garantie de son indépendance et de sa liberté.

Mais qui se soucie encore de la liberté de la presse dans le monde ?

La question peut paraître curieuse, elle traduit pourtant une réalité internationale préoccupante. Divers facteurs contribuent, en effet, non seulement à affaiblir le principe même de la liberté de la presse mais aussi la conscience des dangers qui la menacent.

Les nécessités du développement économique constituent une première cause explicable, sinon légitime de ce phénomène. Beaucoup de pays, faute de ressources suffisantes, ne peuvent envisager le développement de leurs médias qu'avec l'aide de l'Etat. Or, tout gouvernement cherche à limiter ses oppositions plutôt qu'à les développer. De plus, confronté à des tâches immenses de développement économique et d'éducation, il peut être tenté d'utiliser l'information comme moyen pour progresser. Des tendances presque naturelles jouent ainsi dans le sens du contrôle politique des agences dans beaucoup de pays.

La seconde cause est l'affaiblissement doctrinal de l'idée même de liberté. Il faut beaucoup de vertu au détenteur d'un pouvoir politique pour résister à la tentation de contrôler l'information, ce véritable « Fou du Roi » qui dérange toujours. Il lui faut aussi être fortement convaincu de la valeur de la liberté, de la liberté réelle qui repose sur la responsabilité individuelle, sur le jeu des pouvoirs multiples et sur un ordre humain et social librement consenti. Or, cette conviction n'est plus toujours partagée dans le monde d'aujourd'hui. Même dans les pays démocratiques ; le souci d'efficacité des gouvernements tend à l'emporter sur le respect absolu du travail de ceux qui ont pour mission de questionner et de dire, c'est-à-dire parfois de gêner.

Un dernier facteur contribue à affaiblir l'idée de liberté. Elle est devenue parfois un objet de discussions diplomatiques dans les débats Nord-Sud et Est-Ouest, comme si la liberté pouvait faire l'objet d'un compromis alors qu'elle ne connait que deux états, et deux seulement, la vie et la mort, sans conciliation possible. De la même façon sont inconciliables deux conceptions du gouvernement des hommes, celle qui met le pouvoir et l'Etat au service de l'individu et celle qui met l'individu au service du pouvoir, quelle que soit la forme et l'appellation de ce dernier. Au-delà des confusions plus ou moins savamment entretenues, tel est le véritable sens du débat actuel sur la circulation internationale de l'information.

La question du développement des médias et notamment des agences du Tiers-

Monde est importante. Elle doit et peut être surmontée par une aide efficace des pays riches aux organes de presse des pays en voie de développement, à la formation de leurs journalistes et de leurs cadres. Elle ne doit pas cacher ou faire oublier la question de la liberté internationale d'informer.

C'est en ce sens que l'AFP s'efforce d'agir, en multipliant les accords de coopération avec les agences des pays nouveaux, mais aussi en défendant rigoureusement les principes et les conditions pratiques de la liberté de la presse partout dans le monde.

Le système international de circulation de l'information est encore en pleine évolution. De nouveaux acteurs et partenaires y participent. Cela est légitime et utile car la diversité et la compétition sont indispensables à l'expression des vérités. Le débat international sur ces sujets est naturel. Il peut être utile s'il ne conduit pas, comme on peut le craindre, à remettre en cause le principe et les moyens de la circulation libre et pluraliste de l'information sans lesquels la société internationale ne saurait fonctionner, ni nos libertés longtemps subsister.

Tels étaient les principes sur lesquels Charles Havas fonda la première des agences de presse, il y a cent cinquante ans. Tels sont, encore, ceux qui guident l'action de l'Agence France Presse en 1985.

Henri Pigeat
Juillet 1985

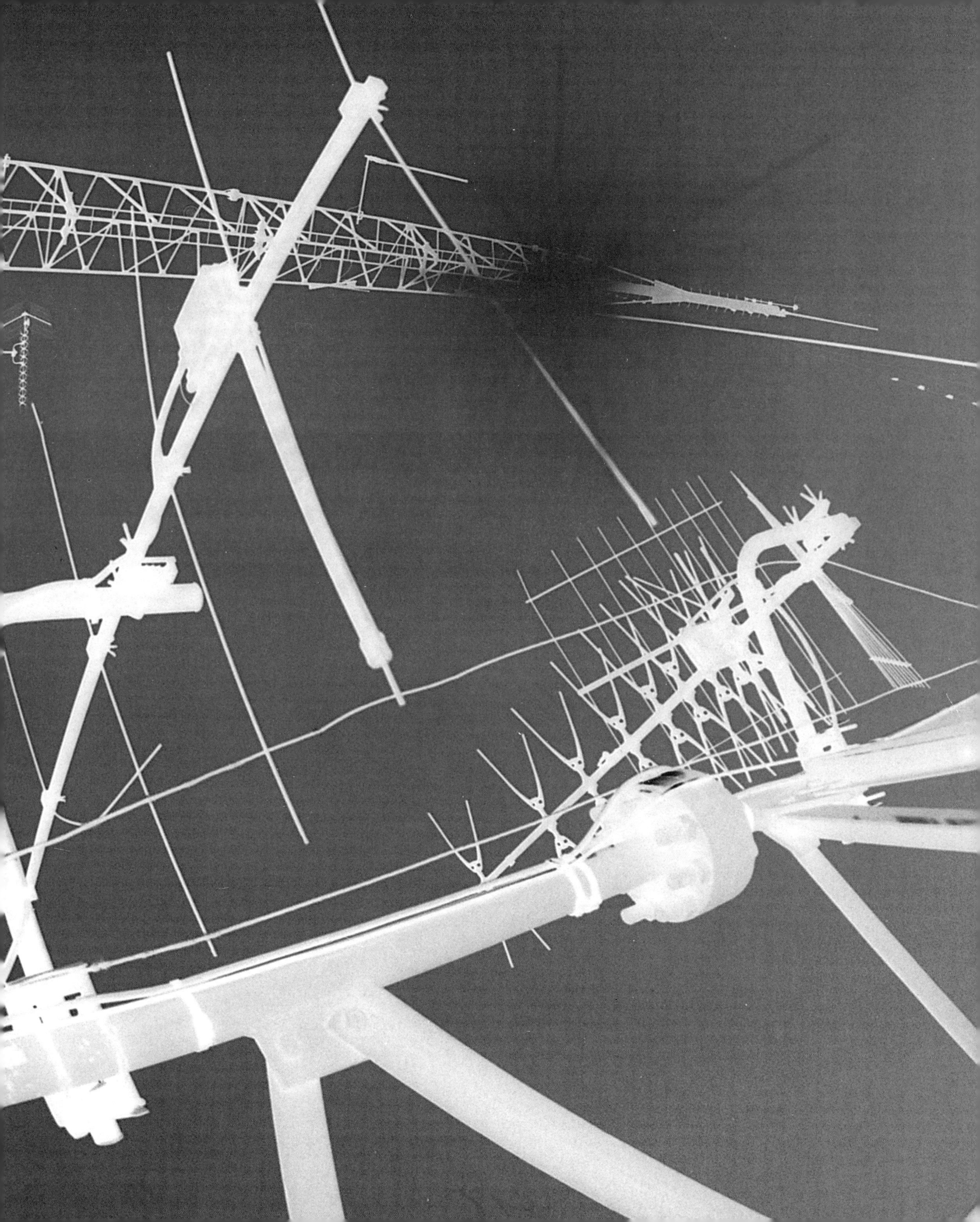

L'AFP aujourd'hui

L'irruption de l'informatique a représenté à l'AFP, comme ailleurs, une véritable révolution technologique. Elle a été traumatisante, a coûté cher, mais comme presque toutes les révolutions est apparue, très vite, nécessaire et irréversible. Et comme elle s'est accomplie parallèlement à une quantité d'autres innovations (multiplication des liaisons satellitaires, accroissement des vitesses de transmission, diversification des produits, etc.), la dernière décennie a été, sans conteste, celle d'un renouveau comparable à celui des années d'après-guerre.

Y ont présidé, à la tête de l'AFP, Claude roussel (1975-1978), Roger Bouzinac (1978-1979), et depuis 1979, Henri Pigeat dont l'arrivée à la présidence du Conseil d'Administration et à la Direction Générale a fait éclater les vieilles structures de l'Agence.

Il y eut quelques tâtonnements, certes, et le départ de plusieurs de nos « pères-fondateurs » ne s'est pas fait sans laisser un vide. Mais la relève constituée d'une nouvelle génération de cadres recrutés aussi bien à l'extérieur que parmi les jeunes de l'AFP, rebelles au ron-ron et animés par la volonté d'adapter leur Maison aux données commerciales et techniques des années 80, s'est vite organisée.

Cette modernisation s'est faite, cependant, dans la continuité ; d'ailleurs il ne pouvait guère en être autrement puisque, quels que soient les bouleversements intervenus quant aux procédés, à la vitesse d'acheminement des informations, ou au traitement diversifié auquel elles sont soumises, leur collecte et leur confection demeurent, avant tout, l'affaire des quelques centaines de journalistes qui, en France et à l'étranger, assurent la production proprement dite. Et à ce stade de notre tâche d'agenciers, ce qui compte – en 1985 comme en 1835 – ce sont toujours : le flair, le don d'observation, la persévérance et la rigueur !

Les reflexes immuables de la production

Les temps changent, les techniques aussi, mais les événements – petits ou grands – qui jalonnent l'actualité entrent toujours dans les mêmes catégories. Ici une catastrophe aérienne, une élection présidentielle ou une simple conférence de presse, là une émeute, un procès d'assises ou l'annonce des derniers chiffres du commerce extérieur. Fait divers, événement politique ou social, économique ou sportif.

La couverture de ces événements se fait, elle aussi, du moins au départ, hors de la plupart des contingences (aides ou contraintes) techniques. La réaction du journaliste, son choix des éléments constitutifs de l'information, seront notés le plus souvent, comme il l'a toujours fait, sur un bloc-notes, avant de passer à l'écriture proprement dite, qui demeure – quel que soit le support – la preuve matérielle de son activité.

Le fonds commun des divers services de l'AFP n'est autre que la somme de ces perceptions et de ces efforts individuels. Et c'est la qualité de cette matière première qui déterminera, au bout du compte, la valeur du produit fini.

La chasse au « scoop » et la routine sont les deux mamelles du journalisme d'agence. Il faut, en effet, essayer d'être le premier sur une nouvelle, dénicher l'information inédite, battre la concurrence de vitesse et, en même temps, assurer le quotidien, c'est-à-dire le suivi d'une affaire dont les rebondissements ou les conséquences s'étirent sur des semaines, des mois, voire des années. Sans oublier la masse d'informations de toute espèce – un petit fait divers, un résultat sportif ou l'annonce d'une visite officielle – qui peuvent intéresser, entre autres, la concierge de la rue Lepic, l'amateur de football à Mexico ou le diplomate à Tokyo.

La « grosse » nouvelle, c'est, le plus souvent, une mauvaise nouvelle. Ainsi va le monde. Pour nous, cela commence généralement par un bulletin ou un flash, qui sont suivis d'urgents, auxquels succèdent des « leads », des synthèses, des réactions, des commentaires ou des analyses.

La décennie qui va de 1975 à 1985 s'ouvre sur un événement capital : la chute de Saïgon. L'accaparent ensuite entièrement la crise pétrolière, la récession mondiale et ses conséquences (montée du chômage dans les pays industrialisés, appauvrissement du tiers-monde, escalade de sa dette extérieure).

On assiste d'autre part, pêle-mêle, au lent virage de la Chine d'après Mao, à l'intervention soviétique en Afghanistan, à la crise polonaise, à celle qui agite l'Amérique Centrale, à la révolution iranienne, sans perdre de vue l'éternel problème palestinien, la dégradation sans fin de la situation du Liban et une série de guerres pour la plupart purulentes : celle entre l'Iran et l'Irak, celle d'Erythrée ou d'Afghanistan, celle du Tchad ou du Sahara Occidental, celle des Malouines... Le tout couronné par la célébration, en 1985, de 40 années de paix.

Ces événements en tous genres font la vie quotidienne de l'AFP. Au siège – 11 au 15 Place de la Bourse, à Paris – et notamment dans les « desks » chargés de recevoir, calibrer, traduire et aiguiller l'information, la routine est à l'ordre du jour plus souvent que la tourmente.

Ou plutôt, celle-ci finit par devenir celle-là à force d'accoutumance au feu roulant d'une actualité plus chargée d'année en année et toujours ponctuée de drames.

Dans les postes de production loin de Paris, en revanche, le cours du temps est marqué par l'alternance entre les périodes dites creuses, vides de tout événement susceptible de retenir l'attention internationale, et les coups durs presque toujours imprévus qui, brusquement, mobilisent toutes les énergies.

Le récit de quelques uns des événements frappants qui ont marqué l'actualité de ces dernières années et le souvenir qu'en ont gardé les correspondants de l'AFP qui les ont vécus, donneront une idée assez exacte de la nature et des conditions de leur travail.

L'ASSASSINAT DE MADAME INDIRA GANDHI

Au cours de l'entretien, le fonctionnaire reçoit un coup de fil, écoute son interlocuteur en fronçant les sourcils, raccroche, s'effondre : « Elle est morte... »

Il est 09 H 45 locales (04 H 15 GMT) à New Delhi, ce mercredi 31 octobre 1984, lorsqu'un informateur de nos amis – il sort de chez un ministre – téléphone au bureau de l'AFP. « Il y a eu un incident chez Indira Gandhi. Plusieurs coups de feu ».

Il est pressé et n'en sait pas davantage. Aussitôt c'est le branle-bas de combat. Deux coups de fil, rapides, au cabinet du premier ministre et à la police sont sans résultat. Mais très vite, l'agence de presse indienne PTI donne un bulletin qui confirme les dires de notre informateur. Le chef de bureau de l'AFP, Jean-François Leven, envoie à Paris le bulletin suivant : « Un attentat a été commis mercredi à New Delhi contre le premier ministre indien Mme Indira Gandhi, a annoncé PTI ». Il est 04 H 41 GMT, 05 H 41 en France.

Trois minutes plus tard, les desks ont déjà répercuté la nouvelle vers le monde entier, donnant à l'AFP une avance d'environ dix minutes sur les autres agences mondiales.

L'un des reporters du bureau part pour les lieux de l'attentat. Il reviendra vite, les mains vides, car la police a complètement bouclé le quartier où se trouve la résidence de Mme Gandhi. La secrétaire appelle les journalistes qui devaient prendre leur service plus tard; ils accourent sans tarder tandis qu'un journaliste déjà à son poste commence à rédiger une biographie mise à jour du premier ministre.

Une source policière confirme alors l'attaque contre Mme Gandhi et parle de huit balles. Dans les milieux officiels, c'est l'affolement, mais le cabinet du premier ministre reste obstinément muet. Des coups de téléphone se croisent en tous sens et les murmures deviennent des bruits alarmants : Mme Gandhi serait dans un « état critique ». Mais comment s'y fier ? Un journaliste file à l'hôpital où elle a été conduite. Impossible d'y pénétrer. Une foule compacte – elles le sont toujours dans ce pays – est déjà massée devant l'établissement et les rumeurs les plus

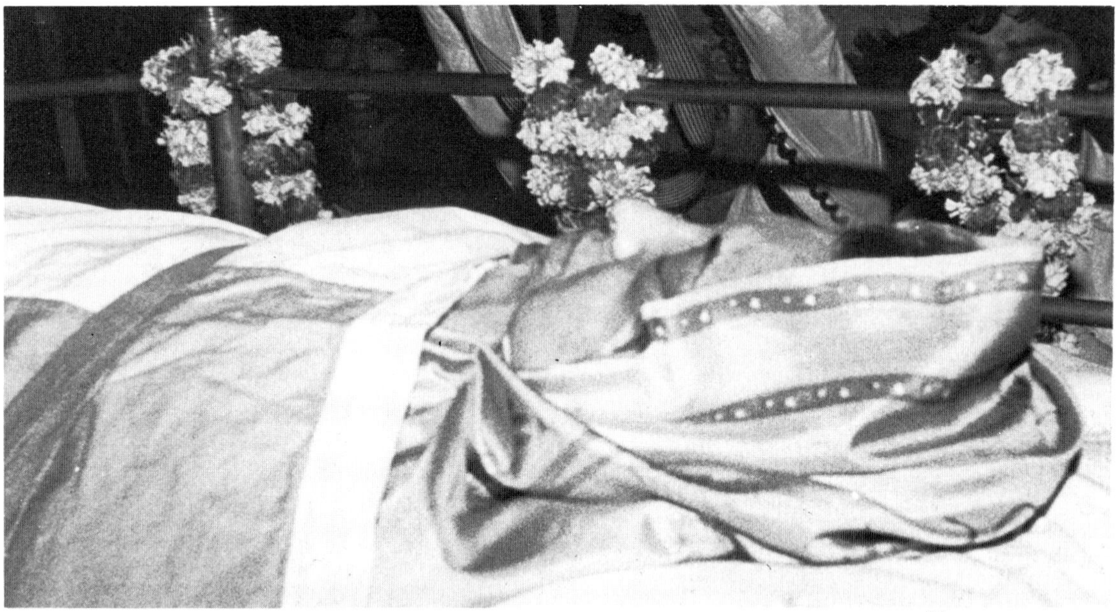

Photo « scoop » AFP

invraisemblables commencent à circuler.
Jean-François Leven se souvient du mal qu'il a eu à obtenir confirmation de la nouvelle selon laquelle les agresseurs étaient les propres gardes du corps du premier ministre.
Les minutes s'égrènent, l'attente pesante grandit, alors on va à la pêche aux photos (y avait-il un photographe sur les lieux de l'attentat ?). On appelle des journalistes qui connaissent la résidence de Mme Gandhi pour tenter de reconstituer la scène, se faire une idée du cadre dans lequel s'est joué le drame.

Enfin, une source du ministère de l'intérieur nous dit que trois personnes ont tiré : l'une a été tuée par les forces de l'ordre, les deux autres sont arrêtées. Les agences concurrentes parlent de deux assaillants seulement. Question de sources, sans doute. Les rédacteurs en chef les exigent, mais il y en a de toutes sortes : « autorisées », « compétentes » ou simplement « bonnes », officielles ou officieuses, quand elles ne sont pas anonymes. Six mois après, d'ailleurs, le mystère continuera de planer sur le nombre exact des personnes impliquées.

Le premier « papier » de synthèse est diffusé 90 minutes après l'attentat. Il porte au bas de chacun des trois feuillets des initiales différentes, preuve qu'il s'est agi d'un travail d'équipe. Dans une agence de presse, c'est plus souvent le cas que dans un journal. Au bureau de l'AFP à Hong Kong, auquel celui de New Delhi est relié, le chef du desk régional donnera un coup de main en rédigeant, tout au long de cette journée, des « round-up » factuels, ce qui permettra à New Delhi de se consacrer à l'information brute, puis aux papiers d'analyse.
A midi, heure locale, le gouvernement indien n'a toujours pas confirmé officiellement l'attentat, mais les ministères et les administrations ferment leurs portes. L'AFP-New Delhi envoie un premier reportage de réactions à chaud glanées dans la rue : des rumeurs à n'en plus finir, dont la plupart se trouveront d'ailleurs vérifiées par la suite : ce sont des Sikhs... elle a reçu 18 balles... elle est mourante... elle est déjà morte...

A midi trente, (trois heures après l'attentat), il n'y a qu'une certitude, sur laquelle toutes les sources concordent : Mme Gandhi a perdu beaucoup de sang, elle est très faible, douze médecins, des neurologues notamment, sont à son chevet. La tension monte à Delhi et dans le bureau de l'AFP : chacun sent que le dénouement est proche.

Pour les journalistes, il s'agit de ne pas manquer l'information capitale, lourde de conséquences pour l'avenir du pays le plus peuplé de la terre après la Chine : l'annonce du décès de son premier ministre.

Ce qu'il faut déployer alors, outre le concours toujours bien venu et parfois indispensable de la chance pure et simple, c'est ce mélange particulier de talent et d'effort dont une définition célèbre a fixé l'infaillible recette : 10% d'inspiration et... 90 % de transpiration. Cocktail magique qui, seul, permet de gagner, de se placer devant la concurrence, les autres agences et les autres médias. Dans notre cas, ce furent dix minutes devant la BBC et un quart d'heure devant les agences !

Cela s'est passé de la façon suivante : un diplomate occidental que le chef de bureau de l'AFP a joint par téléphone, affirme vers 13 heures (07 H 30 GMT) que Mme Gandhi est morte. Il sort, dit-il, du bureau d'un haut fonctionnaire indien avec qui il avait pris rendez-vous plusieurs jours auparavant. Au cours de l'entretien, le dit fonctionnaire reçoit un coup de fil, écoute son interlocuteur en fronçant les sourcils, puis raccroche et s'effondre en larmes après avoir réussi à articuler : « elle est morte ». Nous enregistrons, raconte Leven, mais nous restons prudents. L'émotion – celle du diplomate et, à fortiori, celle du fonctionnaire indien – peut déformer la perception d'une information.

Nous cherchons à confirmer. Un autre coup de téléphone, cette fois-ci à une source haut placée dans un ministère, nous apporte la mauvaise nouvelle, mais toujours pas de source directe. En outre, la mort peut prendre les formes les plus diverses : apparente, cérébrale, clinique... Ces précisions nous manquent.

Enfin, PTI, agence officieuse du gouvernement indien, lance un flash sur ses fils : « Mrs Gandhi is feared to be dead ». En français, cela peut se traduire par « on craint que Mme Gandhi soit décédée », ou « Mme Gandhi serait décédée ».

Pour nous, le message est clair, il recoupe nos précédentes informations. PTI ne peut se permettre une pareille dépêche sans avoir la certitude que l'issue de l'attentat a été fatale, mais le gouvernement ne veut rien annoncer officiellement avant que la succession ne soit assurée. Le président de PTI en personne confirme en privé cette interprétation : il sait, mais il ne peut pas parler.

N'étant pas lié par de telles considérations, notre correspondant décide de flasher la nouvelle. Pendant dix longues minutes – une éternité – l'AFP sera seule.

Pour ce qui est de la confirmation officielle, près de cinq heures vont se passer avant que la radio nationale n'annonce, dans un bulletin d'informations, l'ouverture de la période de deuil.

Mais avant d'en arriver là et d'être, aussitôt, assailli de coups de téléphone provenant de confrères du monde entier, le bureau de l'AFP a dû « tenir le coup » pendant plus de trois heures, alimentant son service avec des bribes d'informations arrachées ici et là.

Ses agresseurs feraient partie de son service de sécurité

Comme toujours en pareil cas, c'est une sorte de crescendo confus : après le tout premier bulletin sur l'attentat, l'annonce que Mme Gandhi a été blessée et hospitalisée. Puis, quelques précisions. C'est à l'abdomen qu'elle a été touchée, par balles. On parle d'abord de huit projectiles, on ajoute que les agresseurs faisaient partie du service de sécurité du premier ministre. A mi-chemin entre le bulletin initial et le flash de la mort, d'autres détails : les auteurs de l'attentat sont des Sikhs, leur victime est dans un état « critique ». On parle ensuite de seize balles de pistolet-mitrailleur qui auraient été se loger dans l'estomac et la poitrine de Mme Gandhi, opérée à partir de 10 H 15 locales. Ses médecins qualifient maintenant son état de « très, très critique ». On apprend enfin que Rajiv Gandhi, le futur successeur désigné de sa mère, a interrompu un voyage qu'il était en train de faire au Bengale Occidental pour regagner New Delhi au plus vite, tandis que le président Zail Singh – un Sikh – revient du Nord-Yemen, où il se trouvait en visite officielle.

Le flash annonçant le décès du premier ministre marque un tournant dans notre couverture : c'est la fin de l'incertitude. A partir de là, nous sommes entraînés dans une avalanche de papiers : nouveaux détails sur les circonstances de l'attentat, réactions, commentaires, analyses. Un

poulet « tandori » – spécialité du pays – est servi au bureau de New Delhi en guise de repas sur le pouce. On le fait « passer » avec du café ou du whisky, selon le tempérament de chacun.

Quelques heures plus tard, le chef de poste s'apprête enfin à alléger le dispositif de son bureau.
Il ne sait pas alors que le décès du premier ministre indien va avoir d'autres suites dramatiques et que lui-même et ses collaborateurs vont devoir passer encore pratiquement trois nuits et trois jours au bureau : c'étaient les premières émeutes anti-Sikhs. Elles allaient s'étendre et faire, au total, 3 000 morts dans toute l'Inde, dont 2 500 à New Delhi.

Et ce n'est pas comme si, en « temps normal », ce bureau-là n'avait pas grand chose à faire.

Au cours de l'été 1984, ce furent les affrontements entre armée indienne et indépendantistes Sikhs au Temple d'Or à Amritsar (Pendjab), qui avaient fait 650 morts, et, en décembre 1984, la catastrophe industrielle de Bhopal, qui devait en faire quelque 2 500.

Un commando palestinien sème la terreur dans le village olympique en prenant des athlètes israéliens en otage.

L'ATTENTAT DES J.O. DE MUNICH

Douze ans plus tôt, un fait sans précédent dans les annales olympiques se produisait à Munich, siège des J.O. de 1972 : l'attaque, par un commando palestinien armé de mitraillettes, du pavillon réservé aux athlètes et entraîneurs israéliens. Nous sommes à l'aube du mardi 5 septembre.

Comme tous les quatre ans en pareille circonstance, l'AFP est représentée par une solide équipe d'envoyés spéciaux du service des sports, de sténos de presse, d'opérateurs et de techniciens. Pour une fois, ce sont des journalistes sportifs – ils sont les seuls sur le terrain – qui auront à couvrir cette stupéfiante et macabre parenthèse dans le déroulement jusqu'ici sans accroc d'un rendez-vous pourtant voué à la fraternité entre les peuples. Ils le feront si bien que la nouvelle de l'issue fatale de cette affaire (18 morts) suivie par le monde entier à la télévision sera, durant plus d'une heure, un « scoop » de l'AFP.

La première alerte est donnée par le bureau de Tel Aviv, où la presse israélienne a appris de ses correspondants dans la capitale bavaroise que l'équipe olympique de l'Etat hébreu a été la cible d'un attentat terroriste.

Le premier bulletin de l'AFP, diffusé à 07 H 41 heure de Paris (06 H 41 GMT) et daté de Tel Aviv, signale donc que, selon des rumeurs non confirmées, un commando palestinien aurait attaqué l'équipe israélienne, tuant l'un de ses membres et en séquestrant un deuxième. Dix minutes plus tard, la police ouest-allemande confirme cette information. C'est notre premier bulletin de Munich.

Dans les 36 heures qui vont suivre, il y en aura beaucoup d'autres, ponctuant chaque rebondissement de ce tragique suspense au milieu d'une confusion entretenue par des déclarations officielles contradictoires, et sans que les journalistes puissent approcher les lieux du drame, bouclés par les forces de l'ordre.

A 08 H 29, la police de Munich annonce que le « commando arabe » (son origine n'est pas précisée) a pris des otages et menace de tirer à nouveau si les policiers ne se retirent pas des abords du pavillon israélien, situé en plein village olympique. Deux minutes plus tard, on apprend le nom de la première victime israélienne des terroristes : l'entraîneur Moshe Weinberg.

A 08 H 33, premières estimations – encore fantaisistes – sur le nombre des otages et de leurs agresseurs, puis, cette information cruciale, qui donne tout son sens à l'affaire : le commando exige la libération avant midi des détenus arabes en Israël. Une demi-heure plus tard, on annonce la mort d'un deuxième israélien. La confusion règne longtemps au sujet de son identité, mais on saura finalement qu'il s'agit de l'haltérophile Yossef Romano. A Tel Aviv, Mme Golda Meir, premier ministre, décide de réunir son cabinet. Les terroristes palestiniens exigent maintenant qu'un avion soit mis à leur disposition pour quitter la R.F.A. Ils ont remis à un membre du Comité International Olympique (CIO) la liste des détenus en Israël dont ils exigent la libération, faute de quoi ils « exécuteront » leurs otages. Selon les autorités ouest-allemandes, ces derniers seraient au nombre de treize.

« Septembre Noir » plonge les J.O. dans l'angoisse

A 09 H 26, les journalistes – tenus à l'écart du village olympique – apprennent que des négociations sont en cours. A 09 H 39, en dépit des événements, les J.O. ont repris avec les épreuves de canoe-kayak. Le gouvernement israélien demande leur interruption, mais Avery Brundage, le président du CIO, déclare : « Les Jeux doivent continuer ». A 10 H 51, une dépêche du Caire : l'organisation palestinienne « Septembre Noir » revendique l'attentat et précise ses conditions pour la libération des otages que le gouvernement bavarois, de son côté, propose d'échanger contre des volontaires allemands et une somme d'argent « illimitée ».

Les Palestiniens repoussent ces propositions, mais ils reportent l'expiration de leur ultimatum à 16 heures GMT. A Jérusalem, on apprend entre temps que la liste des prisonniers dont le commando exige la libération a été remise aux autorités israéliennes. Elle comporte plus de 200 noms, parmi lesquels celui du terroriste japonais Kozo Okamoto, qui avait participé au massacre sur l'aéroport de Lod.

Conformément à sa politique, le gouvernement de Mme Golda Meir n'envisage à aucun moment de « céder au chantage ». Les positions se durcissent et le commando palestinien abrège de deux heures le délai de grâce accordé. Il annonce que deux des otages israéliens qu'il détient seront exécutés, mais il n'en fait rien et l'ultimatum est à nouveau repoussé à 16 H 00. Entretemps, le chancelier fédéral allemand Willy Brandt a présidé un conseil des ministres extraordinaire et adressé à tous les chefs d'Etat arabes un appel à l'aide en vue de résoudre la crise.
L'incertitude s'installe à nouveau et tout se met à fluctuer : l'heure d'expiration de l'ultimatum et la question de savoir si les Jeux vont se poursuivre ou non. Vers 16 H 00 GMT, le ministre ouest-allemand de l'Intérieur Hans-Dietrich Genscher, qui négocie avec les auteurs de la prise d'otages, semble leur avoir arraché un nouveau délai de grâce. M. Brundage, lui, annonce la suspension des J.O. Dès le lendemain matin, elle sera levée, malgré le drame qui se joue entretemps.

A 21 H 22, la police bavaroise annonce que le commando palestinien et ses otages vont être conduits à l'aéroport. Trois hélicoptères se posent à quelques mètres de l'immeuble investi. Les otages aux mains liées sont présentés à une fenêtre du 1er étage. L'avion qui les attend devrait les emmener en Egypte. Il s'écoule une heure avant que les trois hélicoptères ne décollent, mais, contrairement à ce que l'on pensait d'abord, ils se dirigent non pas vers l'aéroport de Munich-Riem, mais sur l'aérodrome militaire de Fürstenfeldbruck, où l'on apprend peu avant 23 heures qu'une fusillade s'est produite, la police ayant ouvert le feu sur les Fedayines.
Pendant ce temps, dans le pavillon israélien évacué, la police découvre trois Palestiniens blessés à coups de couteau, ce qui indique que les athlètes et entraîneurs attaqués s'étaient défendus avec acharnement.

A Fürstenfeldbruck, que deux reporters de l'AFP ont rallié aussi vite qu'ils ont pu, c'est la confusion. La fusillade a bien été entendue, mais tous les accès de l'aérodrome sont jalousement gardés. A Munich, dès 23 H 12, une source « bien informée » assure la presse que les otages ont réussi à s'enfuir. A 00 H 05, confirmation officielle : « tous les otages israéliens sont libres », annonce un porte-parole de la police ouest-allemande. Les autorités exultent et vont jusqu'à révéler qu'elles n'avaient jamais eu l'intention de laisser les Palestiniens monter dans l'avion qui les attendait. Tous ont été tués ou capturés.

L'affaire est close, semble-t-il, et les journalistes qui faisaient le siège de l'aérodrome se replient sur Munich. Il est minuit passé, la journée a été longue.
Cependant, Charles Biétry, l'un des deux envoyés spéciaux de l'AFP sur place décide de rester aux alentours de l'aérodrome. Dans l'éventualité où... et parce que l'issue de la fusillade ne lui paraît pas claire. Il surveille donc l'une des entrées, espérant voir réapparaître des officiels. Son attente est récompensée vers deux heures du matin. Le maire de Munich, Georg Kronawitter, franchit la sortie et tombe sur le seul journaliste présent, le représentant de l'AFP. Il est au bord des larmes et avoue que, contrairement à la version qui circulait depuis près de trois heures, tous les otages ont été tués. Il raconte que lors de la fusillade – déclenchée par des tireurs d'élite ouest-allemands – les Fedayines, acculés à la défaite et estimant avoir été trompés, avaient lancé une grenade dans l'un des deux hélicoptères contenant les otages israéliens.

A la lueur infernale de l'incendie succédant à l'explosion, les otages aux pieds et mains liés à bord de l'autre appareil ont été fauchés au fusil-mitrailleur, à bout portant. M. Kronawitter est bouleversé. « Tout a été manqué, dit-il au correspondant de l'AFP, ce que j'ai vu est terrible ». Charles Biétry tient un « scoop », mais ne voit pas, sur les lieux, l'ombre d'un téléphone. En pleine nuit, c'est la course contre la montre. A pied, il gagne la route où il réussit à stopper une voiture qui l'emmène vers un groupe de maisons à quelques kilomètres de là. Il y repère une cabine téléphonique. La veille au matin, avant de quitter sa chambre d'hôtel, il avait pensé – heureusement ! – à garnir sa poche d'une quantité de pièces de dix et de vingt pfennigs. La mise est sauvée. Quand il aura fini de dicter, l'AFP aura une heure d'avance sur les agences concurrentes, qui en sont encore à développer la thèse officielle.

Pendant tout le reste de la nuit, les informations données à Munich resteront confuses et fragmentaires. Le bilan définitif de la tragédie n'est communiqué qu'à 08 H 15 : dix-huit morts (11 Israéliens, 5 Palestiniens, un policier et un pilote ouest-allemand) et quatre blessés (un autre pilote ouest-allemand et 3 Palestiniens).
Sur le coup, à chaud, le drame paraît tout à fait incompréhensible. Les fausses nouvelles, les déclarations contradictoires, les explications embarrassées des dirigeants allemands, les silences et, souvent, l'absence des témoins laissent bien des points dans l'ombre.

Un an plus tard, cependant, Charles Biétry revient sur l'affaire dans un papier-anniversaire intitulé « Neuf réponses à dix questions ». En effet, tous les points sur lesquels on s'était interrogé ont été éclaircis, y compris le pourquoi de la fausse « bonne nouvelle » voulant que les derniers neuf otages israéliens fussent sains et saufs. Tous les points sauf un : « Y avait-il une autre solution – infaillible – pour sauver ces otages et, d'une façon générale, que faut-il faire en pareil cas ? » Cette dernière question demeure à ce jour sans réponse.

LE SUICIDE COLLECTIF DE JONESTOWN

On dirait des centaines de dormeurs endimanchés, paisiblement allongés dans l'herbe, comme après un pique-nique...

Chacun sait où se trouve New Delhi ou Munich. Mais Jonestown ? Qui s'en souvient ? Ce fut pourtant le lieu du fait divers le plus énorme – le plus sinistre et le plus étonnant aussi – de l'histoire moderne. C'est arrivé un samedi – le 18 novembre 1978 – en Guyana, pays anglophone accroché au flanc nord de l'Amèrique du Sud, entre le Vénézuéla et le Surinam.

A Georgetown, la capitale aux maisons en bois qui somnole au milieu de ce no-man's land tropical des confins nord de l'Amazonie, l'AFP a un correspondant. Mais l'indigence des moyens de communications y est telle que lorsque l'affaire éclate, c'est à Washington qu'on en a les premiers échos. D'autant que Jonestown, la commune fondée par les adeptes de la secte du « Temple du Peuple » venus des Etats-Unis, se trouve à quelque 250 km de la capitale, au cœur d'une zone de forêt vierge qu'aucune liaison régulière – postale, téléphonique ou routière – ne relie au reste du monde.

Trois jours durant, notre couverture locale est à la remorque de l'AFP-Washington, où, par l'intermédiaire du Département d'Etat directement relié par radio à l'ambassade américaine sur place, la presse internationale arrache les premières bribes d'un drame si invraisemblable qu'on n'ose le relater qu'au conditionnel. Sur le terrain, au début, c'est le black-out total.

Et pourtant, dès samedi soir, tout était joué : d'abord, l'assassinat du représentant démocrate de Californie Leo Ryan, chef d'une mission d'enquête sur les agissements de cette étrange secte, tué en même temps que quatre membres de son groupe, parmi lesquels trois journalistes américains. Huit personnes sont blessées, sept autres portées disparues. Tout de suite après, le suicide collecif de plus de 900 adeptes de Jim Jones, le « Gourou » d'une communauté qui se croyait persécutée par la C.I.A. et pour laquelle, ce soir-là, la fin du monde était arrivée !

La première information parvenue de Washington dans la nuit de samedi à dimanche annonce la mort « probable » de Ryan lors d'une fusillade sur le petit aérodrome de Kaituna, à 40 km de Jonestown.

Près de sept heures plus tard, une dépêche urgente : le Département d'Etat confirme la mort du représentant démocrate, plus celle de trois journalistes de sa suite, et indique que « plus de 200 membres de la secte du Temple du Peuple se seraient suicidés. Stupéfaction, incrédulité. On apprend ensuite, au fil des heures, quelques détails sur les circonstances entourant la mort du député et, surtout, puisées au fin fond de toutes les archives américaines, des informations plus ou moins anciennes qui permettront – en attendant d'en savoir davantage – de reconstituer l'itinéraire de l'inquiétant Jim Jones. Pour l'AFP comme pour les autres agences, c'est un immense effort collectif, mais le bureau de Washington continue d'en assumer la part la plus lourde.

L'affaire provoque un vif émoi aux Etats-Unis, où l'on se remémore les meurtres rituels de la « famille » de Charles Manson en 1969. Le phénomène des sectes hante l'Amérique, où elles pullulent en particulier sur la côte ouest. La police de Californie est sur les dents car le « Temple du Peuple » réunit, outre le millier d'adeptes qui avaient suivi le « Révérend » Jones au Guyana, quelque 3 000 fidèles disséminés entre Los Angeles et San Francisco. Les autorités craignent de nouveaux actes d'immolation collective, prévus de longue date au cas où la secte serait menacée.

Jim Jones, 46 ans, est marié et père de sept enfants. Silhouette massive, visage glabre au teint mat, il a du sang amérindien dans les veines. « Prédicateur » depuis l'âge de 18 ans, il fonde sa secte dans les années 50, et se donne pour mission d'abolir les distinctions entre classes sociales et de protéger l'environnement. Son regard hypnotique et son éloquence fascinent. A San Francisco, où il a établi le siège de son « église », de puissants amis politiques – dont le maire démocrate de la ville, George Mascone, qu'il a aidé à se faire élire en 1975 – lui confient le poste de directeur des services municipaux du logement.

Mais les méthodes d'endoctrinement de ce chef de secte commencent à faire parler d'elles. On l'accuse de « laver les cerveaux », de pratiquer de fausses guérisons miraculeuses, d'administrer à ses ouailles des punitions corporelles frisant le sadisme et de les spolier pour alimenter ses comptes en banque personnels. En 1977, à la suite de diverses plaintes de parents de mineurs victimes de mauvais traitements, les choses se gâtent et Jim Jones, suivi par un millier de ses adeptes – noirs à près de 70 %, les autres blancs – va s'établir en Guyana, sur 10 000 hectares de forêt qu'il s'engage à défricher.

C'est le bagne, mais le « Révérend » explique à ses fidèles que c'est à ce prix qu'ils pourront survivre à l'une ou l'autre des deux catastrophes qu'il ne cesse de prédire : l'holocauste nucléaire et l'instauration d'un régime fasciste aux Etats-Unis. Sa colonie agricole a beau vivre en autarcie, les rumeurs qui continuent de filtrer au dehors incitent le représentant Ryan à pousser son enquête jusqu'à Jonestown, où il arrivera le vendredi 17 novembre.

L'effet produit est celui d'un coup de pioche dans une fourmilière.

Mais cela, on l'apprendra plus tard, au gré des récits des rares rescapés de la tuerie, dont le premier est le pilote de l'un des deux avions de la mission d'enquête, qui a réussi à décoller de Kaituna au moment où les occupants de l'autre avion étaient exécutés par les hommes de main de Jones. Le pilote rescapé se pose à Georgetown et va se réfugier à l'ambassade américaine, qui alerte Washington. Le gouvernement de la Guyana, lui, reste muet, mais dépêche quand même sur les lieux une colonne de 150 soldats, qui atteindront Jonestown dimanche matin.

Une brise pestilentielle... c'est l'horreur

L'arrivée de la mission Ryan à Jonestown a représenté, pour certains « esclaves » de Jones, l'espoir insensé d'une évasion. Après une discussion orageuse avec le « Révérend », le député californien décide d'emmener avec lui une douzaine de ces adeptes repentis. Panique dans l'entourage de Jones, qui envoie plusieurs de ses tueurs à la poursuite du groupe. Celui-ci est rattrapé à Kaituna, au pied des avions prêts à décoller : c'est la tuerie.

Le « Révérend » perd alors complètement la tête. Il réunit tous les membres de sa secte autour de lui et se met à les haranguer. « Les agents de la C.I.A. qui viennent de s'en aller ne sont que des éclaireurs, explique-t-il. Ils seront suivis par une vague de « Marines » que le Pentagone envoie pour nous exterminer tous ». Il chauffe son auditoire à blanc, le persuade qu'il ne reste qu'une seule issue honorable : le suicide collectif. A la nuit tombée, volontairement ou contraints, les fidèles passent à l'acte. Les mères empoisonnent leurs enfants, puis elles se donnent elles-mêmes la mort.

A cette époque, je suis correspondant de l'AFP à Caracas. Mon bureau a des responsabilités régionales qui englobent la majeure partie des Caraïbes et les ex-Guyanes britannique et hollandaise. Par télex, j'essaie en vain d'interroger Georgetown. Silence obstiné. Dès le dimanche matin, la rédaction-en-chef me demande de gagner la Guyana dans les meilleurs délais. Sans prendre le temps de faire mes bagages, je file à l'aéroport.

Entre le Venezuela et la Guyana, pourtant voisins, pas de liaisons aériennes directes ; il faut faire un crochet, peut-être deux. Après trois avions et deux nuits dans autant de mini-républiques des Caraïbes, je débarque à Georgetown le mardi 21, passablement défraîchi. Mon unique costume de ville noir, je le porterai, tel un croque-mort, pendant tout mon séjour de près de deux semaines dans cette ville-fournaise.

Il est grand temps de prendre la relève du bureau de Washington, je plonge dès mon arrivée dans une conférence de presse donnée par le fils de Jim Jones, Stephen, qui a échappé au suicide collectif parce qu'il se trouvait à Georgetown, où il était une sorte d'agent de liaison de son père. Lui aussi, il a un regard d'illuminé, mais c'est d'une voix posée qu'il assure : « mon père était socialiste, il est devenu fasciste ». Jones junior est entouré de plusieurs autres ex-adeptes de la secte. Tous se disent prêts à fonder un autre phalanstère, dans une autre terre promise.

Le même jour, j'apprends qu'une douzaine de rescapés de Jonestown ont été retrouvés sains et saufs dans la forêt. Dans les semaines qui viennent, d'autres survivants réapparaîtront, avec des récits plus hallucinants les uns que les autres. En milieu d'après-midi, enfin, j'obtiens de haute lutte, d'un ministre « ami » de l'AFP, une place dans un petit bimoteur sur le point de décoller pour Jonestown avec, à son bord, trois fonctionnaires guyanais.

Moins de deux heures plus tard, dans le soleil déclinant, c'est le survol féérique d'une immense clairière taillée dans la jungle, parsemée d'une cinquantaine de bungalows en rondins, moucheté de bleu, de rouge, de jaune. A y regarder de plus près, on dirait des centaines de dormeurs endimanchés, paisiblement allongés dans l'herbe, comme après un piquenique. Mais une fois l'avion au sol et tandis que nous marchons vers le village endormi, une brise pestilentielle frappe nos narines et, bientôt, nous prend à la gorge. C'est l'horreur. J'aurais été l'un des rares journalistes à voir de mes propres yeux l'ampleur du drame.

De retour à Georgetown et quand, après plusieurs heures d'attente, j'obtiendrai enfin ma communication avec Paris, je démarrerai mon papier assez brutalement : « Plus de 400 cadavres d'hommes, de femmes et d'enfants se décomposent depuis trois jours au soleil de la Guyana ». Je ne les ai pas comptés un à un, bien sûr, mais mon estimation vaut bien les autres. D'ailleurs, il se passera plusieurs jours avant que de vrais croque-morts, amenés à pied d'œuvre par la US Army (car la Guyana a fini par se laver les mains de toute cette affaire), ne parviennent à dénombrer plus de 900 morts (ils étaient, paraît-il, empilés les uns sur les autres) et à les rapatrier par pont aérien, dans des cercueils plombés.

Ce papier de « choses vues », comme on les appelle dans le métier, relatera ensuite que Jim Jones s'est donné la mort en se tirant une balle dans la tempe, tandis que l'immense majorité de ses compagnons l'ont puisé – à l'aide de petits gobelets en carton – dans un baquet contenant un breuvage à base de cyanure et de somnifères. Pressentant que je ne trouverai jamais la clef du mystère qu'il me fallait relater, j'ai intitulé ce papier, tout bonnement, « Une histoire de fous... ».

IBM
RACAL

16 35
15 35

L'agence de tous les jours

Il faut savoir que les « scoops » et la couverture des grands événements sortant de l'ordinaire sont les baleines blanches d'une agence de presse, la pointe visible d'un iceberg dont la plus grande partie demeure immergée.

Que font, en effet, les quelque 850 journalistes de l'AFP (plus une centaine de journalistes locaux) pendant qu'une dizaine d'entre-eux assurent, quelque part sur le terrain, la couverture d'un événement qui accapare les gros titres ? En attendant de se trouver eux-mêmes un jour – au hasard de l'actualité et des mutations de poste – en première ligne, ces « invisibles » assurent la routine, c'est-à-dire le pain quotidien de l'agence. Les journaux – écrits, parlés ou télévisés – ne vivent pas que du sensationnel. Heure après heure, jour après jour, ils doivent remplir leurs espaces – papier ou temps d'émission – et satisfaire aux goûts les plus variés de leur public. Le flot de l'information doit donc être diversifié et à peu près constant.

La production, à l'AFP, ce sont plus de 150 bureaux et postes de correspondants à l'étranger, qui emploient plus de 300 journalistes et presque autant de pigistes. Ce sont aussi ses 80 journalistes et plus de 1 100 pigistes de province, répartis sur tout le territoire de l'hexagone et, enfin, une bonne moitié des quelque 570 journalistes travaillant à Paris, dans une demi-douzaine de grands services : Politique, Diplomatique, Social, Economique, Informations Générales (rubrique judiciaire, faits divers, culture, spectacles, sciences, environnement, etc.) et Sports. Il faut y ajouter enfin des services qui complètent ou enrichissent la production de tous les autres, et notamment : les Ecoutes (celles des radios nationales et étrangères, origine de beaucoup d'informations et véritable système de première alerte), la Documentation (qui ne se borne pas à tenir à jour les archives de l'agence, mais qui produit, au gré de l'actualité, des biographies, des chronologies et des encadrés), ainsi que le tout nouveau service Audio.

Chacun de ces services de production fournit, du matin au soir, dans chacune des rubriques dont il a la responsabilité, un volume variable d'informations qui viennent s'ajouter aux grands sujets du jour et prendre leur relève aux heures creuses.

Même dans les bureaux les plus éloignés du siège, la routine ne perd jamais ses droits. Chaque matin, quand ce n'est pas dans le courant de la nuit, il faut décortiquer la presse écrite pour en extraire, ici une information, là un

commentaire. A Moscou, par exemple, on relèvera un éditorial de la Pravda sur la prochaine visite du président syrien. Cet éditorial, la presse française, américaine ou thaïlandaise ne s'y intéressera peut-être pas, mais les abonnés arabes de l'AFP en publieront de larges extraits. Autre exemple : le journal O Globo de Sao Paulo apprend qu'un important contrat a été signé entre une société française et le gouvernement brésilien. Notre correspondant sur place devra s'efforcer de vérifier cette information avant de l'envoyer à Paris, sans oublier qu'elle intéressera peut-être aussi Rome si le rival malchanceux de l'entreprise française était italien.

Ces servitudes particulières s'ajoutent à l'obligation évidente, pour chaque producteur à l'étranger, de répercuter à l'intention du reste du monde l'essentiel de ce qui fait l'actualité dans le pays ou la région dont il a la charge. Il s'acquitte de cette tâche sans avoir à courir par monts et par vaux, grâce, en partie, au service d'une agence locale, qu'il dépouille en fonction de ses besoins. L'AFP entretient des rapports de coopération (échange d'informations) avec une centaine de ces agences nationales ou régionales.

En France même, il va de soi que l'AFP ne peut compter que sur ses propres forces, qu'elle doit aller elle-même au devant de toutes les sources d'information.

D'où les effectifs massifs dont elle a besoin. Cette production est synthétisée pour la clientèle étrangère par un service de production spécialisé appelé Fret (nouvelles françaises pour l'étranger).

Les desks et le produit fini

Tout ce qui vient de la production constitue la matière première des journalistes des desks installés côte à côte au 3e étage du siège de l'AFP. Ruche, usine, gare de triage, tour de Babel : toutes ces images sont bonnes pour décrire le lieu où s'élabore le produit fini.
Autrefois, ce 3e étage croulait sous une avalanche de papier, notre seul support. Les dépêches venues de l'étranger ou de province et débitées par les téléscripteurs aussi bruyants qu'encombrants, imprimées sur des rouleaux de papier à plusieurs plis (car il en fallait un pour chaque desk), s'amoncelaient dans des corbeilles. Les journalistes de chaque desk les traitaient ou les réécrivaient, à la machine à écrire, pour les déposer dans une autre corbeille, à l'intention des opérateurs télégraphistes. Ces derniers les retapaient pour en faire des bandes perforées que l'on engageait ensuite, selon l'indication de direction marquée à la main sur chaque feuillet, dans l'appareil de transmission, qui les envoyait à la clientèle.
Tout cela a disparu progressivement depuis une dizaine d'années. A présent, toutes les dépêches provenant de la production – que ce soit du siège ou de l'extérieur – apparaissent sur une petite imprimante électronique dite « à en-têtes ». Seules les deux premières lignes de chaque texte, précédées d'une série d'indications codées, indispensables à son utilisation à bon escient, sont fournies automatiquement à chaque chef de desk, qui les voit défiler sous ses yeux à une cadence allant, aux heures de pointe, jusqu'à six en-têtes à la minute.

Les desks sont généralement, comme leur nom l'indique, de longues tables autour desquelles prennent place les journalistes qui en font partie, chacun devant sa console de visualisation (écran et clavier), lui permettant d'« appeler » le texte sur lequel il travaillera, de l'expédier sur une direction donnée, ou d'interroger la mémoire centrale de l'ordinateur auquel nous sommes tous reliés.
Le chef de desk, lui, tend à devenir ce qu'on appelle dans le jargon du métier un « copy-taster » : il « goûte » les dépêches qui entrent dans le système informatisé de l'agence en scrutant l'imprimante à en-têtes qui les débite, il rejette d'emblée celles qui, à l'évidence, n'intéresseront pas ses clients, visualise en entier celles dont il n'est pas sûr et communique à son adjoint celles qu'il a retenues. Ce dernier lira attentivement la dépêche jugée bonne, l'expédiera (la « validera ») immédiatement sur les fils si elle est urgente, la passera enfin, quand elle est moins urgente ou imparfaite, à l'un ou à l'autre des rédacteurs qui l'entourent – pour validation, réécriture ou traduction. Car la plupart des desks ont à traduire une bonne partie de la copie qu'ils reçoivent. Les langues véhiculaires de l'AFP sont : le français, l'anglais, l'espagnol, l'arabe, le portugais et l'allemand.
Les « pouvoirs » des desks sont en fait très étendus, compte tenu de la double obligation qui leur est faite :
1) de livrer aux abonnés un service composé de nouvelles transmises le plus rapidement possible et immédiatement utilisables, c'est-à-dire fiables, complètes, bien rédigées et correctement présentées ;

2) de tailler dans la masse d'informations qui leur parvient, toujours trop nombreuses, souvent inadaptées à leurs besoins particuliers. A tout instant, des choix doivent être faits. Tel urgent doit passer avant tel autre, telle dépêche – trop longue ou superflue – doit être élaguée ou éliminée, telle autre, enfin, mérite d'être complétée ou réécrite parce qu'il y manque une précision, une source, ou un bon « lead » (début du message, censé résumer l'ensemble de l'information et accrocher le lecteur).

La rédaction en chef, qui veille au bon déroulement de l'ensemble de ces opérations, est là pour trancher, pour guider le travail aussi bien des desks que des producteurs et pour servir de trait d'union entre les uns et les autres.

Les desks ne se reposent jamais. Les écarts horaires entre les différents bureaux de l'AFP à travers le monde font que l'information arrive 24 heures sur 24, obligeant les journalistes chargés d'assurer cette permanence de tous les instants à se relayer par vacations.

Le 3e étage de l'AFP est aussi une sorte de tour de Babel où l'on « parle » plusieurs langues.
Les desks de langue française servent, outre la métropole, la plupart des pays d'Europe, l'Afrique du Nord, l'Afrique noire francophone, le Canada et le Proche-Orient, où le service de l'AFP est complété par un service en langue arabe, confectionné au Caire.
Le desk anglais s'adresse à la Grande Bretagne, aux Etats Unis, à la Scandinavie, à l'Extrême-Orient (où un desk régional, implanté à Hong Kong, plaque tournante de notre réseau de communications asiatique, se charge de soulager la Rédaction Centrale), au Canada et à l'Afrique anglophone.
Le desk latino-américain, qui travaille en espagnol, dessert l'Amérique du Sud et l'Amérique Centrale, tandis qu'un desk de traduction en portugais, installé à Sao Paulo, vise la clientèle brésilienne.
Enfin, le desk allemand a pour cibles la R.F.A., l'Autriche, le Luxembourg, la Suisse alémanique et certains abonnés de l'est de la France.
Mais la diversification des desks n'est pas seulement linguistique ou géographique. La nature variée des informations reçues du monde entier oblige l'agence à pratiquer une diversification thématique, qui a donné naissance aux desks Sports ou Economique et, à l'intérieur de ces services, à des spécialisations par discipline ou secteur d'activité.

Les défis technologiques et commerciaux

La clientèle mondiale de l'AFP se compose d'environ 12 000 utilisateurs. Parmi ces derniers, on compte 2 000 abonnés non-médias ou privés (banques, entreprises industrielles et commerciales, administrations et organismes divers) et quelque 10 000 médias. Au nombre de ces derniers, les abonnés directs, constitués, notamment, de 500 journaux, 350 radios, 200 sociétés de télévision et 99 agences de presse nationale. C'est par le biais de ces dernières, qui achètent à l'AFP son service mondial, que celui-ci atteint ses utilisateurs indirects : environ 7 000 journaux, 2 500 radios et 400 sociétés de télévision.

La nécessité de s'adapter aux divers marchés et d'en rechercher de nouveaux est liée à l'obligation de se doter des moyens technologiques modernes. L'apparition de ces moyens nouveaux rend possible et suscite, à son tour, des débouchés toujours plus variés. Les défis technologique et commercial sont donc intimement liés.

La chasse aux nouveaux marchés a commencé à se manifester au niveau des divers services destinés à la presse. C'est ainsi que l'AFP a d'abord multiplié le nombre de ses « fils » ou services visant une clientèle bien délimitée. AFP-Sélection, par exemple, destinée plus particulièrement à la presse française de province. La plupart des desks disposent aujourd'hui de plusieurs « routages ». Chacun d'eux est composé, certes, d'un fonds commun de dépêches d'ordre général, mais les journalistes chargés de les gérer y ajoutent et y retranchent des dépêches en fonction des besoins particuliers de leur clientèle. Le volume de chacun de ces services atteignant, en moyenne, entre 40 000 et 140 000 mots par jour, on en arrive au total quotidien – tous desks et langues confondus – d'un million de mots.

Compte tenu de la baisse de l'importance relative de la presse écrite, et notamment des quotidiens d'information générale, en crise un peu partout, et de la montée parallèle des médias audiovisuels (radio et télévision), il est vite apparu indispensable de prospecter ces nouveaux créneaux.

L'esprit commercial, voire industriel, qui animait déjà Charles Havas ne s'est jamais imposé à l'AFP avec autant d'acuité qu'au cours des dix dernières années. Nécessité faisant loi, l'instinct de survie a joué une fois de plus chez la plus ancienne des agences mondiales de presse, d'autant que ses rivales avaient pris sur elle une avance qu'il s'agissait de rattraper. Les agences américaines disposaient depuis longtemps déjà d'un service de téléphoto international et l'agence britannique Reuter a su exploiter habilement le créneau des informations économiques et financières.

La diversification est devenue la condition même de la conquête de ces nouveaux marchés et l'AFP ne pouvait

pas négliger plus longtemps de se doter des atouts nécessaires à cette entreprise. L'informatisation de ses services, mise en chantier dès 1973, est devenue opérationnelle au début de 1976, dans un service d'abord, le latino-américain. Elle s'est étendue ensuite graduellement aux autres services du siège, avant d'atteindre les bureaux de province et de l'étranger. En même temps, les vitesses de transmission ont été multipliées par six sur certains « fils » de l'agence, tandis que son ordinateur central augmentait sa capacité de traitement des messages par une série de « sauts en avant » technologiques.

Désormais, l'AFP fournit à ses clients, dont beaucoup disposent déjà des moyens de la composition automatique qui facilite et accélère l'impression, des textes « prêts à imprimer » puisqu'ils sont rédigés en majuscules et minuscules accentuées, au lieu des seules vieilles majuscules. Elle met également à leur disposition des banques de données (Agora) qui permettent à chacun de se procurer via un serveur n'importe quelle information diffusée ces dernières années. Les médias spécialisés et les abonnés privés, qui n'ont que faire du flot de plus en plus gros de l'information générale, y trouvent leur bonheur.

Un réseau de communications de plus en plus dense et diversifié relie l'agence aux quelque 160 pays où elle a un poste de production et aux plus de 150 pays dans lesquels elle distribue son service. Ces divers circuits sont de trois sortes : satellitaires, télégraphiques (câbles terrestres ou sous-marins) et radiotélégraphiques. Ils aboutissent tous, en fin de ligne, à des téléscripteurs. L'AFP en a 4 000 à travers le monde, débitant ses informations à des vitesses qui vont de 50 bauds (3 000 mots/heure) à 300 bauds (18 000 mots/heure).

Les liaisons par satellite relient le siège à la plupart des capitales latino-américaines, à plusieurs capitales d'Afrique, ainsi qu'à l'Extrême-Orient et à l'Océanie.

Les liaisons par câbles (entre 140 000 et 150 000 km), près de quatre fois le tour de la terre, raccordent au siège toutes les capitales d'Europe, ainsi que l'Amérique du Nord. D'importants centres de rediffusion régionaux sont également implantés à Hong Kong et aux Etats-Unis. Enfin, les liaisons radiotélégraphiques, assurées par cinq émetteurs, dont un en France, diffusent les informations AFP sur 16 fréquences, pendant plus de 600 heures par jour au to-

tal. Quant au « cerveau » ou ordinateur de l'agence, il comporte en fait trois grands centres, à Paris, Hong Kong et Washington, et des mini-ordinateurs dans presque tous les autres bureaux. Les consoles de visualisation ou terminaux de ce système sont au nombre de 160 au siège et environ 300 hors-siège.

Le coût de cette révolution technologique est considérable puisque le budget de l'agence, dont le gonflement lui est imputable en partie, est passé de 210 millions de francs en 1976 à 750 millions pour l'année 1985. Pour y faire face, un seul remède : la conquête de nouveaux marchés médias et non-médias.

Une nouvelle Direction, à peine créée, a connu une expansion considérable : la Direction commerciale, chargée de la vente des produits traditionnels de l'agence (information générale et sportive et services annexes : économique, hippique, photographique, bulletins hebdomadaires spécialisés et Features), mais aussi de la recherche de ces marchés nouveaux, de la promotion et du suivi des ventes, ainsi que de l'image extérieure de cette agence mûre d'une expérience qui couvre, à ce jour, un siècle et demi d'histoire de l'humanité.

AFP
URGENT

Les produits nouveaux

Les nouveaux créneaux de l'AFP se situent aussi bien dans le domaine audiovisuel que dans celui, traditionnel, de l'information écrite. Quant aux marchés que vise cette gamme de produits nouveaux, ils s'étendent à l'ensemble des médias et débordent maintenant largement sur les non-médias.

La conquête du marché des radios a commencé le 15 octobre 1984 avec la création d'un service Audio. Un mois après sa mise en exploitation, le premier studio Son de l'agence fonctionnait déjà à plein régime.
De 06 H 00 à minuit, AFP-Flash s'est mise à débiter l'actualité en dix spots quotidiens de 2 minutes 30. Puis ce fut le tour d'une seconde production du service Audio, l'AFP-Son. Il s'agit d'interventions radiophoniques – reportages et chroniques – des producteurs de l'agence hors-siège, en France et à l'étranger, suscitées, recueillies et distribuées directement par l'AFP, d'abord en métropole, puis en Belgique et en Suisse. La dernière-née des activités Audio de l'agence consiste à alimenter en informations sportives un répondeur téléphonique spécialisé, Gény-Sport. Bilan du premier mois de cette activité qui a démarré en 1985 : 39 000 appels.
Pour l'avenir, on attend beaucoup de la mise en service d'un système de distribution automatique du son grâce au concours de la technique numérique des transmissions.

Après le son, l'image. Pour l'AFP, la photo n'était pas, à proprement parler, un produit nouveau. La téléphoto internationale, elle, en était un. Jusqu'ici, en effet, l'agence ne distribuait son service téléphoto pratiquement qu'en France.

La diffusion commerciale de son Service Téléphoto International a démarré le 1er janvier 1985, articulée autour de trois pôles régionaux : Paris (pour l'Europe, l'Afrique et le Moyen-Orient), Washington (pour l'Amérique, nord et sud, et les Antilles) et Tokyo (pour l'Asie et le Pacifique).

Pour commencer, deux douzaines de photographes ont été engagés à l'étranger, de Beyrouth à Lima et de Los Angeles à Manille, plus les services de certaines agences photo telles que l'EPA européenne et la Jiji Press japonaise.

Le réseau de production mondial de l'AFP fournit un volume moyen de 15 à 20 clichés par jour en noir et blanc et une téléphoto couleur. La distribution de ce service est régionalisée, c'est-à-dire que chaque client reçoit un tronc commun international représentant les deux tiers de l'ensemble, le reste étant composé de téléphotos d'intérêt régional.

Outre cet effort de calibrage, l'AFP-photo donne une importance particulière au sport – depuis toujours l'un des atouts majeurs de son service rédactionnel – et au tiers-monde, où beaucoup de pays se plaignaient d'être ignorés par les grandes agences. Enfin, l'actualité y est traitée sous un angle autre qu'anglo-saxon.

A Bhopal, dans le centre de l'Inde, site de l'empoisonnement massif des habitants proches d'une usine de produits chimiques, en décembre 1984, notre photographe, à peine engagé, a fait des prouesses qui ont permis à l'AFP de porter devant des millions de lecteurs le témoignage visuel d'une apocalypse moderne.

L'agence a mis au point, d'autre part, un système appelé SYTIN – acheté dans le monde entier – qui permet de transmettre la photo sur des circuits numériques à grande vitesse. La mise en service, courant 1985, d'une chambre noire électronique « PIXAR » lui permet de compléter une panoplie de moyens techniques à la hauteur de ses ambitions.

L'AFP-photo dispose enfin du fonds d'archives le plus complet du monde grâce à l'acquisition récente de Keystone-France, la plus ancienne agence photo. Au total, 9 millions de clichés noir et blanc et couleur.

La recherche des moyens nous permettant d'élargir nos marchés nous a conduit, d'autre part, à mettre en place des cellules chargées d'explorer activement les possibilités offertes par diverses autres technologies nouvelles. Ces efforts concernent, par exemple, le créneau qui résulte du mariage des télécommunications et de l'informatique et dont les applications vont des banques de données au vidéotex, la télématique grand public.

D'autres efforts ont été déployés dans le domaine du reportage vidéo, dont la clientèle la plus évidente est constituée par les chaînes de télévision. Leurs premiers fruits ont porté dès le mois de juin 1985 puisque l'AFP, l'agence Gamma-Télévision et le journal « Le Monde » ont signé un accord pour la réalisation en commun de programmes télévisés d'information (magazines, documentaires, reportages, etc.) destinés à être distribués par les télévisions nationales et internationales. Chaque partenaire apportera dans l'association son savoir-faire spécifique et son réseau de correspondants.

Les marchés non-médias sont explorés, créés et élargis avec la même volonté de développement tous azimuts. Les banques de données (Agora) s'adressent à un public appelé à s'étendre de jour en jour. Le « fil » Sports permet à une vaste clientèle hors-presse (constructeurs automobiles, fabricants d'articles de sport, fédérations et associations sportives) d'avoir accès aux informations des rubriques qui les intéressent : automobile, football ou tennis par exemple.

Le service Economique, quant à lui, propose aux entreprises et à l'ensemble du monde des affaires toute une série de produits qui vont du Fil économique général à des fils spécialisés tels que AFP-Banque et MAP (matières premières) en passant par un service économique et financier « à la carte » qui s'adresse aux différents secteurs d'activité.

L'AFP, son environnement, ses produits, ses marchés, sont en pleine mutation. 1984 a été l'année de la mise en œuvre d'un ambitieux et nécessaire plan de développement de l'agence, de l'aménagement et de la modernisation de ses structures, de la préparation ou du rodage de ses nouveaux services d'information. 1985 année de concrétisation de tous ces efforts voit se transformer l'AFP agence de presse depuis 1835, en agence multi-médias, puis en agence d'information tout court. Il va de soi qu'à ce jeu, tous les placés ne sont pas nécessairement gagnants.

Mais l'AFP n'aura pas commis l'erreur de mettre – ou de garder – tous ses œufs dans le même panier. Elle a, d'ores et déjà, pris une assurance sur l'avenir.

Marc Hutten

L'AFP dans le monde

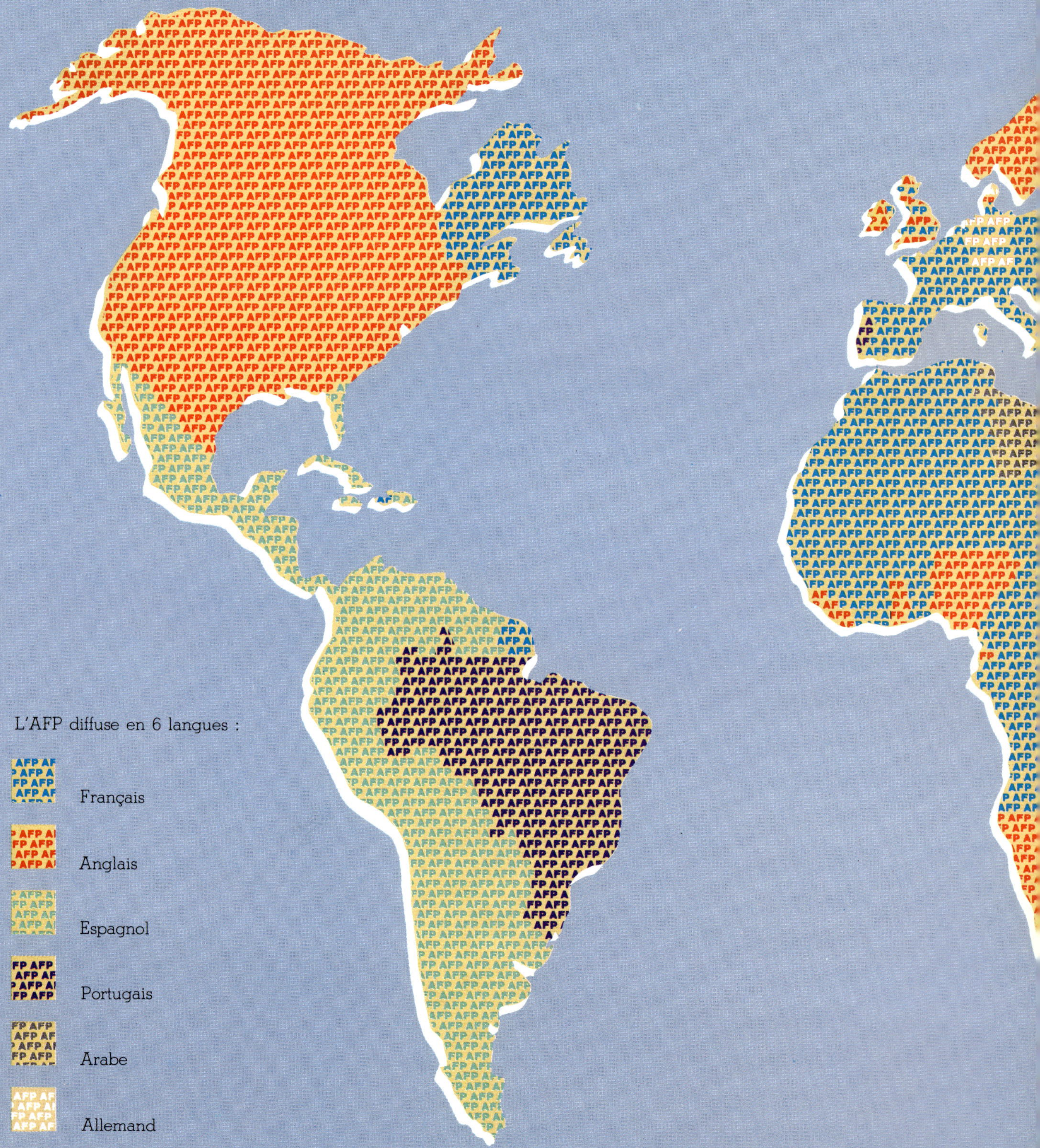

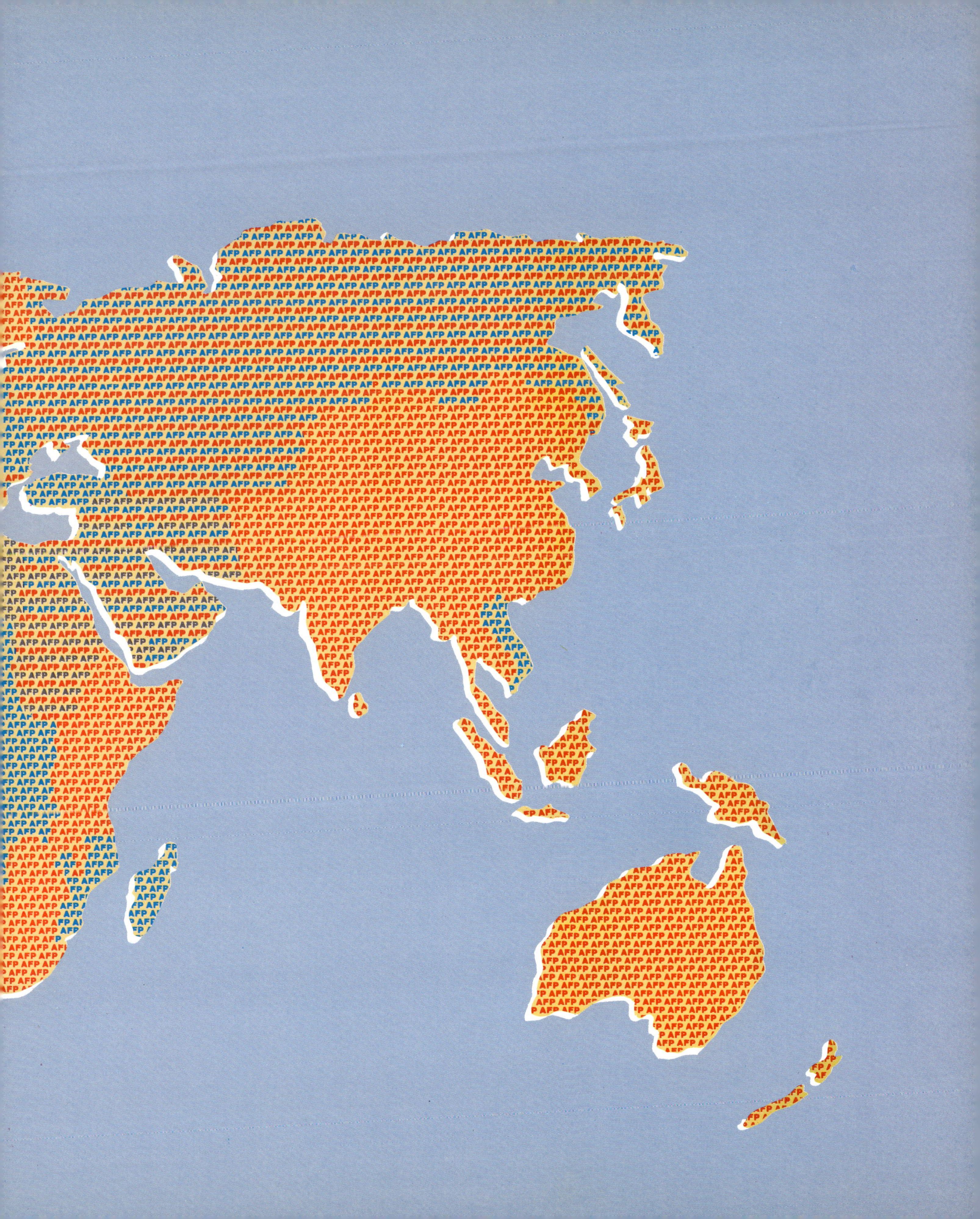

5 continents en direct

Centres d'émission principaux
Principaux correspondants AFP
Emissions radio
Lignes satellitaires

الأخبار

أسسها مصطفى أمين وعلى أمين سنة ١٩٥٢

العدد ١٠٣٨٦ السنة الرابعة والث

بعد إنتهاء مهلة التصالح بشأن

ماذا يجرى خارج القا

وأخبار الحوادث والقضايا

تقرير لوكالة الانباء الفرنسية

تدهور خطير للاقتصاد الليبى

ليبيا لا تلتزم بحصة الاوبك لانتاج البترول

حتى تتمكن من سداد ديونها الخارجية

اليوم يب

من العاملين

١٥٨ مليون جني

د. صلاح حامد

اشتباكات بين الشيعة فى لبنان

مقتل احد قادة فتح فى عين الحلوة

الرئيس يستقبل غدا

وزير خارجية ألمانيا الاتحادية

جينشر يوقع بالقاهرة

اتفاقية التعاون بين البلدين

مظاهرة يهودية

ضخمة تدين

الاحتلال الاسرائيلى

竹中組長ヒットマン異例の初公判

土曜法廷●傍聴人は金属探知

350人厳戒●沿道ビルもチェック

防弾車で被告輸送●装甲車も出動

▲竹中組長

25日の大阪地裁

岡本 異常

好きです 日本酒

伏見

MAS DE UN MILLON DE EVACUADOS

PETS &
ALCOHOLIC
BEVERAGES
PROHIBITED
ON BEACH
CITY ORD.

NO PARKING
ANY
TIME

Edición de 116 páginas para Capital y Gran Buenos Aires

Precio de este ejemplar: ₳ 0,20 - Recargo vía aérea: ₳ 0,02

Diario de la mañana

Clarín

Un toque de atención para la solución argentina de los problemas argentinos

Año XL - Nº 14.190 - Jueves 15 de agosto de 1985

Buenos Aires - República Argentina

RELATO DE LA AZAFATA DEL JUMBO

"En la caída vi el cielo por un agujero del techo"

Agencia AFP

here goa

only 50 per cent of the city's original population before the pro-Peking Khmer Rouge regime launched a brutal campaign of exterminations and deportations from 1975.

Central Phnom Penh's sweeping boulevards, optimistically marked out for thronging car traffic, now carry only bicycles,

nother 2

- Postage & Freight Rp. 5,500,-
- Outside Jakarta in Java Rp. 650,-
- Outside Java Rp. 1,750,-

For further inquires please contact your agent or the Circulation Department of:

PT MASA MERDEKA
Jl. A.M. Sangaji 11, Jakarta
Tel: 344642.

Indonesian Observer

Indonesian Observer

THE NATION'S OLDEST ENGLISH LANGUAGE NEWSPAPER

NO. 5700. XXIX WEDNESDAY, SEPTEMBER 4, 1985 PRICE PER COPY RP. 200.- (IN JAKARTA AREA ONLY)

Angolan Foreign Minister says:

Non-Aligned states must settle worldwide problems

LUANDA, Sept 3 (AFP):

Angolan Foreign Minister Alfonso Van Dunem Monday told the Non-Aligned Movement it had an urgent task to try to settle worldwide problems as he opened the meeting of senior officials here for the movement's ministerial conference.

He warned of the dangers threatening humanity which make the efforts of the Non-Aligned nations more and more important...

The movement needed to tackle nuclear disarmament and the sharpening economic difficulties which has seen the gap between developed and developing countries widen, he said.

In a reply, the chairman of the ...

Angola for its efforts to organise the conference "against very heavy odds."

Luanda's marxist government has been fighting the national union for the total independence of Angola (...A) in a guerrilla since Angola's ...

Threat t...

Oppositio... Peacock ...

Canberra, Sept 3 (AFP) - Australian opposition leader Andrew Peacock moved today to force his deputy, John Howard, out of his job in a bid to remove a perceived threat to the Liberal Party's top position.

Peacock first sought a statement from Howard giving an unequivocal assurance that he was not a candidate for the party's leadership. Howard reaffirmed his loyalty but said he could not regard as reasonable being required to say he would never seek the leadership in the future.

Peacock then called a party meeting for next Thursday to consider a "spill" of all positions -- a declaration that the leadership and deputy leadership positions in ...

...a política atómica

Alberto Costantini, presidente de la Comisión Nacional de Energía Atómica, se refirió a los planteos que provoca el desarrollo de la energía nuclear. Brasil y la bomba atómica. Los logros obtenidos y el uso pacífico de la energía nuclear.

...esidente de la Comisión Nacional de la ...ergía Atómica, Alberto Costantini dijo ...e el desarrollo nuclear es un viejo ...ma que se interpreta con una finali... ...a de aumentar el poder de los Estados ...oder intimidar en esta guerra fría que ...mundo a los países limítrofes primero ...no limítrofes después, pero en verdad ...uentro que haya otro planteo más de ...o de planteo filosófico". Costantini fue ...ado por radio El Mundo acerca de de... ...iones procedentes del Brasil que ...en al ministro de Ejército de esa na... ...la voluntad de fabricar la bomba ... Versiones periodísticas brasileñas ...on que los servicios de inteligencia de ...s habrían detectado que el ex presi... ...le facto de la Argentina y ex coman... ...n jefe del Ejército, Leopoldo Fortu-nato Galtieri abrigaba planes territoriales reivindicativos sobre Río Grande Do Sul. Costantini dijo que las ignoraba y en cuanto al desarrollo tecnológico del país en la materia manifestó que continúan las tendencias anteriores y afirmó que "la actividad de la energía atómica tiene fines pacíficos". "En ese sentido —prosiguió— hemos desarrollado programas de medicina y bioquímica nuclear, hemos desarrollado la industria vinculada a esos programas como el cobalto y los equipos que la utilizan y hemos desarrollado todas las líneas de las aplicaciones pacíficas de la energía atómica en los distintos campos como la preservación de alimentos, la de producción animal y el de la ingeniería. Esto expresa que ya hemos salido de la retórica y estamos en el uso pacífico de la energía atómica".

...io: céu claro e temperatu... ...ção. Máxima de ontem, ...n Bangu; mínima, 13.9 no ...Vista. Os ventos sopram ...rte e formam ondas pe... Página 13

O GLOBO

...BERTO MARINHO

Fundador: IRINEU MARINHO
Diretor-Redator-Chefe: ROBERTO M...
ANO LXI — RIO DE JANEIRO, QUINTA-FEIRA, 12 DE SETEMBRO DE 1985 — Nº 18.9...

...rno considera ilegal g...

Radiofoto AFP

PFL d... recel...

O Presidente Jo... beu ontem a d... nos últimos de... brasileiros re... lhões de mar... trilhões), ve... balhos sind...

EUA ... a...

BANGKOK
World

SATURDAY AUGUST 24, 1985

WE SPECIALIZE IN
- Wellington & Dingo Boots
- Cowboy Western Boots
- Custom-made Dresses, Shoes & Boots
- Genuine Leather Jackets

Siam Bootery
73/4 Sukhumvit Rd., Near Nana Soi 3, Bangkok
292-4 Sukhumvit Rd., Opp. Soi 19 Bangkok Tel: 2516862
124-6 Sukhumvit Rd., Near Nana Soi 4 Bangkok Tel. 2529b17
32 Suriwong Rd., Opp. Bangkok Bank & Suriwong Hotel Tel. 2334521

...ts and children play

...aws and ...per cent of ...'s inhabi... ...e from the ... mostly ...om nearby ...o drifted ...al after the ...hmer rouge, ...ose massa... ...a Kampu... ...l. ...s die hard.

Many families have brought with them pigs, goats or chickens, which mingle at large in the streets with naked children.

With its heaps of rubbish punctuating the pavements and weeds invading the plentiful patches of green, this dusty, muddy city resembles an oversized village transplanted into an incongruous urban setting.

"The city is up against massive problems — its water mains system is crippled beyond repair. Many wells have been dug by international organisations but there is still insufficient drinking water," said an official from one of the organisations.

Sewers are defunct, electric power a rarity and telephones capricious.

"There are no rents," explained a Khmer official. There is no maintenance either, it seems. Most of the buildings are in a state of delapidation testifying to years of abandonment with staring broken windows, mangled shutters and paint peeling of begrimed walls.

But against this sinister, strangely quiet backdrop, life is starting to pick up again.

"The city is unrecognisably different now from what it was like in the first few months after the fall of the Khmer Rouge," said an official of a humanitarian group, who has lived here since 1980.

"There is life, there is an administration and one can find everything on the markets," the official added.

From jewellery, through coffee to liquor, motorbikes, radios, cosmetics and medicine, everything is obtainable if you are willing to pay.

by Laurent Maillard
of AFP

DIRIGEANTS SUCCESSIFS HAVAS INFORMATION – AFP.

1835 : Charles-Louis Havas
1853 : Auguste et Charles Guillaume Havas
1879 : Edouard Lebey
1900 : Henri Houssaye
1915 : Charles Houssaye
1944 : Claude Martial-Bourgeon
Avril 1945 : François Crucy
Décembre 1945 : Maurice Nègre
1947 : Paul-Louis Bret
1950 : Maurice Nègre
1954 : Jean Marin
1975 : Claude Roussel
1978 : Roger Bouzinac
1979 : Henri Pigeat

Charles-Louis Havas
(1783-1858)

La mine est sévère, le visage plutôt fermé : pas très avenant, le fondateur de l'Agence Havas, sur ce daguerréotype daté d'août 1843 ! Pourtant, le succès est venu. Tard. Huit ans plut tôt, plus que quinquagénaire, il a eu le courage de prendre un nouveau départ : il a transformé son bureau de traduction en agence. Cette année-là, sa femme écrit à sa belle-sœur : « Ce qui me chagrine le plus, c'est de voir que mon mari ne peut rien faire qui lui réussisse. Il est plus content depuis qu'il a pris cette entreprise de journaux étrangers, qu'il reçoit. C'est lui qui donne toutes les nouvelles aux journaux français qui le paient pour chaque nouvelle qu'il leur donne. Dieu veuille que cela continue d'aller bien. Avec le temps et beaucoup d'économies, nous finirons par solder ce que nous devons. Ce qui me ronge, c'est toutes les notes qui restent derrière... » Elles ne vont plus traîner longtemps.

D'origine normande, peut-être de lointaine ascendance hongroise, les Havas se sont établis à Pont-Audemer au début du 18e siècle. Bulletin de naissance de Charles-Louis : le samedi 5 juillet 1783, rue du Hallage, Rouen. Son père se prénomme également Charles-Louis ; homme de loi, administrateur de biens, il sera, sous l'Ancien Régime, inspecteur de la librairie et de l'imprimerie. Il inculque à son fils le sens des affaires, lui fait apprendre plusieurs langues étrangères, dont l'anglais et l'allemand. Charles-Louis junior jouira aussi de l'appui de son oncle et parrain Charles-Constant, personnage sans doute peu banal : prêtre défroqué, il deviendra sous l'Empire le secrétaire particulier de Fouché, le trop célèbre ministre de la police générale... Sous Napoléon, Charles-Louis Havas prospère. Homme d'affaires, le voilà fournisseur des armées impériales : il sait tirer profit du blocus continental imposé à l'Angleterre. Il voyage. Il se marie à Lisbonne avec Marie-Jeanne de Roure qui lui donnera trois enfants ; les deux fils, Charles-Guillaume et surtout Auguste, dirigeront l'Agence après leur père. En 1811, celui-ci est banquier, domicilié à Paris. Il acquiert à cette époque, semble-t-il, une part de propriété dans *La Gazette de France,* l'un des quatre journaux laissés en vie par Napoléon dans la capitale. Ainsi, à en croire la mémoire collective de l'Agence telle que la préservent les Archives Nationales, Havas pose son premier pied dans la presse... du côté du pouvoir.

1814-1815 : la chute de l'Aigle entraîne celle d'oiseaux de tout vol. Dont Charles-Louis Havas, créditeur du gouvernement impérial. La monarchie restaurée signifie, pour le banquier-boursier et sa famille, quinze ans de vache enragée. Il s'efforce d'éponger le passif de l'« importante maison de commerce » créée en association avec

LA MORT DE NAPOLEON

5 mai 1821, l'après-midi 17 H 49, Napoléon meurt à Sainte-Hélène. La nouvelle de l'événement n'est connue en Europe que... deux mois plus tard. Voilà un exemple révélateur de la lenteur des communications avant la création de l'agence Havas.

Ainsi en 1934, Charles Houssaye, vice-président du conseil d'administration de l'agence se plaisait à raconter l'anecdote suivante puisée dans les mémoires de la comtesse de Boigne :
« Lord Castlereagh, premier ministre d'Angleterre, pénétrant auprès de son souverain George IV, lui disait :
– Sire, je viens annoncer à votre majesté la mort de son ennemi mortel.
– Elle est morte ? s'écria le Roi.
A quoi Lord Castlereagh de répondre :
– Non Sire, il ne s'agit pas de sa gracieuse majesté la Reine, mais du général Bonaparte ».

Et Charles Houssaye d'ajouter : « ...la nouvelle venait seulement d'arriver à Londres, d'où elle devait se répandre dans le monde entier, en ce matin du 4 juillet 1821, soit deux mois plus tard, or le 25 novembre dernier (en 1934) a eu lieu l'inauguration du musée Napoléon à Sainte-Hélène.

Quelques minutes plus tard, l'agence Havas en recevait le récit et le publiait dans une de ses feuilles :
soixante et un jours d'un côté et quelques minutes de l'autre, tout ce progrès réalisé en 113 ans ».

sa belle-famille, au Havre, à Lisbonne et à Londres.

Et soudain, se lançant ou se relançant dans la presse, Charles-Louis va trouver sa vocation. Aidé sans doute par sa femme, qui connaît les langues hispaniques, il monte en 1832 un bureau de traduction de journaux anglais, allemands et espagnols, pour plusieurs publications françaises, d'opposition, cette fois : *Le Constitutionnel, Le Journal des Débats,* qui accordent une place croissante à l'actualité internationale. La couverture des « nouvelles du dehors », comme on les appelle alors, facilite les allusions à la situation politique intérieure...

Si l'on excepte les débuts de la monarchie de juillet et ceux de la Deuxième République, les régimes que traverse Havas sont hostiles à l'essor d'une presse pluraliste et indépendante. Vers 1830, aucun quotidien français ni européen ne peut prétendre disposer d'un véritable réseau d'informateurs dans les principales capitales d'Europe - et encore moins au-delà. Seule exception, peut-être : le *Times* de Londres. Né cinquante ans avant l'Agence Havas (en 1785: il s'appelle alors, pour trois ans, le *Daily Universal Register),* il développe, dès les guerres révolutionnaires et napoléoniennes, le domaine « Foreign intelligence ».

Hôtel de Bullion, rue J.-J. Rousseau – Paris 1835, premier bureau de l'agence Havas

Un mystérieux voyage

Qu'est-ce alors, pour Havas, que couvrir l'actualité internationale à l'intention de la presse parisienne ?

C'est essentiellement dépouiller, dès leur arrivée à l'Hôtel des Postes, les principaux journaux étrangers ; et faire traduire ou réécrire d'autres informations, de source étrangère ou française « digne de foi ».

Juillet 1830 : la révolution dite des journalistes se solde par l'abdication de Charles X et l'avènement du « roi-citoyen » Louis-Philippe. De 61 000 exemplaires cette année-là, le tirage des principaux quotidiens parisiens passe à une moyenne de 77 500 pendant le premier semestre de 1831. Plus que jamais, la politique étrangère est au centre des préoccupations. Lecteurs, presse et pouvoirs publics souhaitent une information plus large et plus rapide.

Et pourtant... criblé de dettes, Charles-Louis Havas échappe de justesse à la prison, en janvier 1832. Le 16, il écrit à sa belle-sœur : « Je vis au jour le jour, ayant vendu ou mis en gage tout ce qui pourrait être de quelque valeur. Enfin, sachez que pour 200 francs, j'ai été arrêté et aurais été mis à Sainte-Pélagie si je n'avais trouvé un ami qui m'en a tiré... Je vais m'absenter pour un voyage long, dangereux. Si je réussis, je rendrai tout le monde heureux : dans le cas contraire, Dieu sait ce que nous deviendrons ».

Le mystère dont il enveloppe ce voyage est demeuré, hélas, parfaitement opaque. S'agissait-il d'établir un réseau de correspondants en vue d'améliorer le service Havas ?

En août 1833, une proposition de ce type est faite par Labot et Degravier, directeurs de la *Correspondance Politique* – lettre ministérielle rédigée dans les bureaux mêmes du ministère de l'Intérieur – au comte d'Argout et au duc de Broglie, respectivement ministre de l'Intérieur et des Affaires étrangères. Leur but est double : renforcer la puissance de la correspondance ministérielle auprès des journaux départementaux ; exercer sur les journaux étrangers une influence

« continue et régulière, qui réagirait sur la presse parisienne ». Le duc de Broglie s'oppose à l'idée de mettre ses services, et notamment les agents diplomatiques chargés de « faire l'opinion » de la presse étrangère, « à la disposition d'une entreprise qui, pour être dans l'esprit du gouvernement, n'en est pas moins une entreprise particulière »[2]. D'autres responsables des Affaires étrangères y sont moins hostiles : c'est Havas, on le verra, qui en sera le bénéficiaire.

1835 : Havas transforme son « bureau » de traduction en « agence ». Plus précisément : *L'Agence des feuilles politiques, correspondance générale.* La future grande entreprise internationale d'information est née. Quelques mois plus tard, en juillet 1836, Emile de Girardin lance *La Presse,* Armand Dutaq *Le Siècle* : premiers quotidiens à grand tirage, ils se veulent avant tout des « journaux d'information ». L'aube d'une presse moderne et organisée se lève ; ces journaux ne se contentent pas de commentaires politiques, comme la plupart de leurs aînés : ils veulent *des faits.*

Havas ne vise pas la presse comme seule cliente. Selon le commissaire de la librairie, Bailleul, en 1840 « Havasse (sic)... se serait fait une clientèle de 80 000 francs par an, en faisant payer fort cher par abonnement aux banquiers de la capitale des extraits autographiés des journaux étrangers... Ils (Havas et son prête-nom Delaire) font en outre une petite feuille destinée aux particuliers, banquiers, hommes d'affaires, contenant des extraits de journaux, quelques faits de Bourse et la cote des fonds ». On ignore si les 80 000 francs dont parle Bailleul comprennent les recettes des journaux parisiens, toujours est-il que tous les journaux dispensés de traduire comme autrefois les journaux étrangers et d'entretenir des agents, subventionnent M. Havas par une somme mensuelle pour recevoir de lui, à heure fixe, des nouvelles de l'étranger... »

1. Labot et Degravier au duc de Broglie, 13.8.33. Folios 15 et 16, série Mémoires et Documents, France, tome 2125. Archives du ministère des Affaires étrangères.
2. Brouillon de réponse du duc de Broglie au comte d'Argout, 21.8.33. Folio 17, *Ibid.* Nous remercions l'historien Gilles Feyel de nous avoir donné connaissance de ces pièces.

Une malle-poste vers 1830
Télégraphe Chappe à Montmartre vers 1830

Le Maître Jacques de la presse

Ainsi Balzac surnomme-t-il Charles-Louis Havas.

L'écrivain, qui dépeint la presse et les journalistes dans plusieurs de ses romans, crée en 1840 *La Revue Parisienne* : le portrait qu'il brosse de Havas et de son agence, dans son numéro 2, reste la principale source d'informations dont nous disposons sur les débuts de l'entreprise. On ne saurait l'absoudre de parti pris ; même s'il qualifie le journalisme de « force du siècle », Balzac n'éprouve guère de sympathie à son endroit.

« M. Havas a une agence que personne n'a intérêt à divulguer, ni les ministères, ni les journaux d'opposition. » C'est clair ! alors royaliste et journaliste militant, Balzac est sans doute le premier, mais ne sera pas le dernier, à condamner publiquement Havas, qui « vénère le Fait et professe peu d'admiration pour les Principes, servant toutes les administrations avec une égale fidélité ».

« M. Havas a des correspondants dans le monde entier ; il reçoit les journaux de tous les pays du globe, lui le premier. Aussi est-il logé rue Jean-Jacques Rousseau, en face de l'Hôtel des Postes, pour ne pas perdre une minute. Il donne au Président du Conseil, à son lever, un petit bulletin universel, parfaitement rédigé, qui résulte du dépouillement de toutes les correspondances et de tous les journaux.

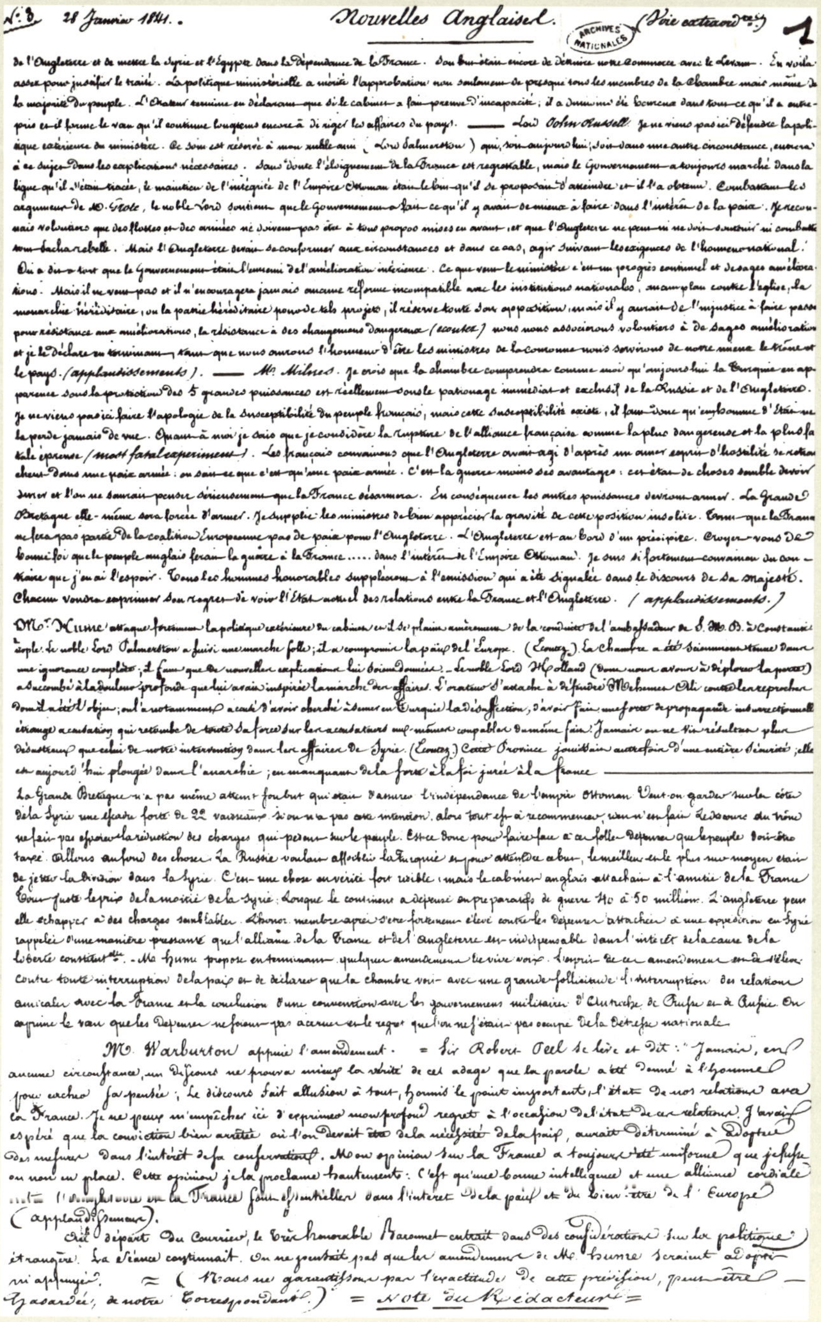
N° 3. 28 Janvier 1841. Nouvelles Anglaises (Voie extraordinaire)

Correspondance Havas, 1841

« Tous les journaux de Paris ont renoncé, pour des motifs d'économie, à faire pour leur compte les dépenses auxquelles M. Havas se livre, d'autant plus en grand qu'il a maintenant un monopole... A leur insu, ou de science certaine, les journaux n'ont que ce que le premier ministre leur laisse publier. Puis M. Havas les traite selon la quotité de leur abonnement. Si les *Débats* donnent cent écus par mois, ils ont telle ou telle nouvelle avant les autres... Comprenez-vous maintenant la pauvre uniformité des nouvelles étrangères dans tous les journaux ? Chacun teint en blanc, en vert, en rouge ou en bleu la nouvelle que lui envoie Havas, le Maître-Jacques de la Presse. Sur ce point, il n'y a qu'un journal, fait par lui, à la source duquel puisent tous les journaux. »

En province ? « M. Havas est l'administrateur secret de la *Correspondance des Départements*, à raison de six mille francs par mois ; il a des enveloppes de port franc pour chaque préfecture et a l'air d'envoyer, lui, l'homme libre, entrepreneur de nouvelles pour les journaux de Paris, les articles que lui paye chaque préfecture et qu'il reçoit de MM. Léon Guyot, Léon Vidal et autres " fonctionnaires du ministère de l'Intérieur ". Ainsi, de même qu'il n'y a qu'un journal à Paris, il n'y a qu'un journal pour les départements. M. Havas est le prête-nom du ministère.

Voilà le mécanisme de cette immense machine appelée le journalisme. C'est simple comme une rôtissoire que fait tourner un caniche. »

En 1840, « caniche » ou pas, Havas fournit bien trois services au pouvoir ; en contrepartie, semble-t-il, de la subvention mensuelle de 6 000 francs pointée par l'index de Balzac. Ce sont :
– un « petit bulletin universel », fruit du dépouillement des correspondances et journaux, pour le petit déjeuner quotidien du Président du Conseil et probablement d'autres ministres ;
– une « correspondance politique », à destination des préfets et sous-préfets ;
– une autre « correspondance politique », rédigée en partie chez Havas, en partie au Bureau de l'Esprit public, envoyée à plus de 70 journaux ministériels des départements.

A côté, Havas édite deux autres « correspondances », destinées l'une aux journaux parisiens et étrangers, l'autre aux banquiers et particuliers.

Ces liens privilégiés avec le pouvoir semblent remonter à 1838, l'année où Havas a su convaincre le nouveau ministre de l'Intérieur, Montalivet, de lui confier la correspondance ministérielle dont s'occupaient Labot et Degravier. Ils resteront solides : jusqu'en 1940, ils permettront à l'Agence Havas de dominer tout concurrent français.

Pigeons et télégraphes

Autre clé de la réussite Havas : la rapidité.

Si le cheval reste notre plus noble conquête (et le mode de transport le plus courant à l'époque), ce n'est pas la plus rapide. En 1837, Havas lance une ligne aérienne Paris-Boulogne... de pigeons voyageurs, qui vont lui permettre de coiffer largement au poteau les services officiels. Durée du vol : quatre heures, alors qu'il en faut quatorze, sur la route, aux plus fougueux quadrupèdes... Grâce à son équipe ailée, Havas peut remettre vers midi aux journaux parisiens les informations de Bruxelles, et vers trois heures celles de Londres.

Quant au télégraphe optique, le système de sémaphore mis au point par Claude Chappe et utilisé par l'Etat depuis 1793, il est difficile de savoir si Havas l'a employé.

En revanche, ses bons rapports avec le gouvernement vont lui valoir un privilège de taille en ce qui concerne le télégraphe électrique.

Mis au point par Samuel Morse en 1837, ce procédé est décrété en France monopole d'Etat (comme le télégraphe optique) par une loi de la même année. La première ligne télégraphique française – qui suit le chemin de fer Paris-Rouen – fonctionne en 1845 : par autorisation spéciale du ministère de l'Intérieur, l'Agence Havas est aussitôt « branchée », alors que les autres correspondances, entreprises de presse et particuliers, ne pourront en disposer qu'en 1850.

Elle jouira de cette confortable avance au fur et à mesure de l'extension du réseau en France, en Europe et dans le monde...

Aussi Auguste Havas peut-il écrire à l'administration compétente, en octobre 1868, « Nous sommes le plus fort client du télégraphe » : il vient de lui verser 148 000 francs pour le premier semestre.

Les tarifs d'un nouveau mode de transmission sont toujours fort élevés : vers 1850, il en coûte près de dix francs-or pour envoyer le moindre message par fil à cinq cents kilomètres. Soit le prix d'un somptueux déjeuner (à deux) chez Champeaux, place de la Bourse...

Série Encyclopédyque GLUCQ
des Leçons de Choses Illustrées

L'HISTOIRE DU TÉLÉGRAPHE

IMAGERIE D'ÉPINAL No 3842
PELLERIN & Cie, imp.-édit.

Dans l'antiquité, on transmettait les nouvelles en allumant au sommet des montagnes de grands feux dont on apercevait la fumée pendant le jour et la flamme pendant la nuit.

Ce moyen primitif est encore employé actuellement par les Arabes et les Indiens.

Les Grecs s'en servaient; et au IIe siècle avant J.-C. Cléomène, puis Polybe, combinèrent les signaux lumineux de manière à former un code.

Ils représentaient chaque lettre de l'alphabet par un groupe de torches qu'on faisait apparaître au-dessus d'un pan de mur.

Les Carthaginois employèrent aussi ce mode de transmission des nouvelles; et plus tard les Romains, initiés par eux à l'art des signaux, jalonnèrent de ces postes toutes les routes de l'Empire. Dans la conquête de la Gaule, César en fit fréquemment usage et trouva, d'ailleurs, les Gaulois pourvus d'un service de communication analogue.

L'invasion barbare détruisit cette organisation. Aux XVIe et XVIIe siècles, les savants cherchèrent vainement à faire bénéficier la télégraphie des progrès accomplis par les sciences physiques. Toutefois Guillaume Amontons, physicien français, songea à poster de loin en loin des hommes munis de télescopes pour observer des signaux dont la signification n'était connue qu'aux deux postes extrêmes.

Enfin en 1791, Claude Chappe, jeune ingénieur et physicien distingué, après avoir cherché à réaliser un télégraphe électrique par l'application du peu de connaissances qu'on avait alors sur l'électricité, puis un télégraphe acoustique, inventa son ingénieuse machine à bras et proposa aussitôt à l'État ce système de *signaux télégraphiques aériens*.

Le 22 mars 1792, un décret de l'Assemblée reconnut l'utilité du projet de Chappe et l'autorisa à établir son premier appareil à Ménilmontant. On devait, en effet, regarder comme bien précieuse une invention permettant la transmission rapide des ordres du gouvernement aux armées de la République.

Malheureusement le peuple, surpris de ces signaux perpétuels auxquels il ne comprenait naturellement rien, se rua un beau matin sur la machine de Chappe et la mit en pièces. C'est l'éternelle histoire de l'ignorance brutale et bête qui commence par détruire stupidement ce qu'elle ne sait pas comprendre.

C'est seulement en 1793, sur un rapport favorable de Lakanal à la Convention, que Chappe obtint d'établir de Paris à Lille la première ligne de télégraphie aérienne dont les heureux débuts firent adopter le système avec enthousiasme.

Cette ligne rendit les plus grands services aux armées françaises et, le 1er septembre 1794, Carnot pouvait, à une heure, annoncer à la Convention la prise de Condé sur les Autrichiens, victoire remportée le matin même.

Le télégraphe de Chappe a été employé jusqu'en 1855. Il transmettait à Paris les dépêches de Calais (68 lieues) en trois minutes; celles de Strasbourg (120 lieues) en six minutes et demie. Sa dernière dépêche fut l'annonce de la prise de Sébastopol (9 sept. 1855)

La télégraphie électrique est une conséquence de l'invention de l'*électro-aimant*. On appelle ainsi un barreau de fer doux entouré d'un grand nombre de spires de fil métallique isolé. Si on fait passer un courant dans ce fil, le barreau de fer acquiert immédiatement les propriétés de l'aimant et les conserve aussi longtemps que dure le courant.

Le premier électro-aimant puissant a été construit en 1831 par Pouillet. Il se composait d'un morceau de fer doux, courbé en fer à cheval, autour duquel circulait le courant. Dès que ce dernier cessait, l'aimantation cessait aussi, de sorte qu'on pouvait ainsi aimanter et désaimanter le fer un nombre infini de fois dans une seconde.

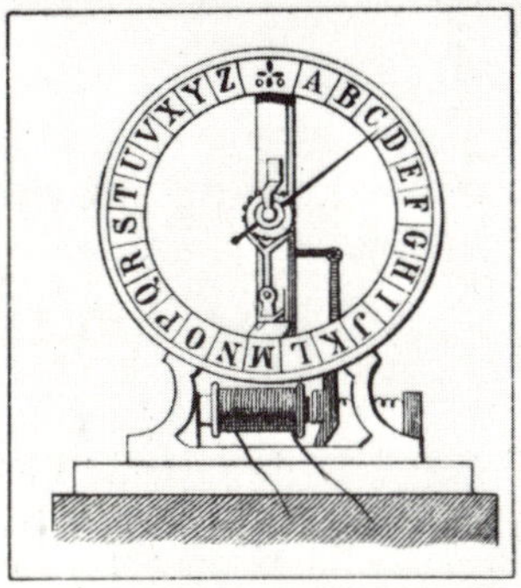

Les différents appareils de télégraphie utilisent tous cette propriété du fer doux. Dans le télégraphe à cadran, l'électro-aimant du poste récepteur attire à lui, à chaque passage du courant, un petit ressort dont le mouvement fait déplacer une aiguille sur un cadran présentant imprimées les lettres de l'alphabet.

Dans le télégraphe **Morse**, le récepteur se compose essentiellement d'un électro-aimant devant lequel est placé un levier en fer doux mobile autour d'un point. Quand le courant passe, l'une des extrémités du levier est attirée par l'électro-aimant tandis que l'autre appuie, contre une molette chargée d'encre d'imprimerie, une bande de papier sans fin qui se déroule d'une façon continue. La molette imprime sur cette bande un trait ou un point suivant le temps plus ou moins long pendant lequel passe le courant. Morse a combiné ces traits et ces points de façon à former un alphabet complet, de sorte que, la transmission terminée, l'employé n'a plus qu'à traduire en langage ordinaire les signes conventionnels imprimés sur la bande de papier.

L'emploi de l'électricité a permis, à raison de son mode de propagation, de transmettre les signaux instantanément par tous les temps et même pendant la nuit. Il n'est pas nécessaire pour cela d'employer des appareils puissants, puisqu'une très petite pile suffirait pour envoyer une dépêche d'Europe en Amérique.

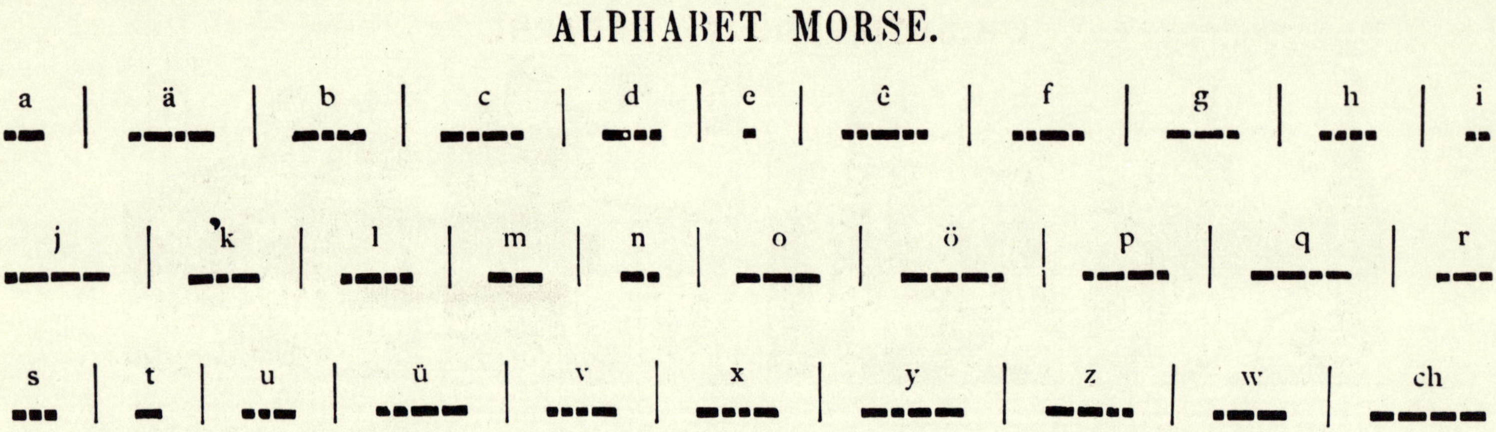

Donnant-donnant. L'accès privilégié aux moyens de transmission moderne se double d'un même accès aux sources officielles : c'est là, principalement, que s'approvisionnent, sous tous les régimes, les agences d'information. Assurés de toucher la vaste clientèle qu'Havas s'est créée, les pouvoirs successifs – Deuxième République, Second Empire, Monarchie de Juillet – favorisent et parfois même subventionnent l'Agence. Elle demeure cependant une entreprise privée ce qui, aux yeux des gouvernements, représente un certain nombre d'avantages : ils gardent à son égard toute liberté de manœuvre ; pouvant ainsi lui opposer un démenti, ou lancer par elle un ballon d'essai...

La mise en place des rouages essentiels de la machine Havas, telle qu'elle fonctionnera jusqu'à la fin des années 1930, s'accomplit sous la Deuxième République et le Second Empire.

En 1848, année des révolutions en Europe, trois hommes fuyant leurs pays déchirés arrivent à Paris et entrent à l'Agence.

Paul Julius Reuter, éditeur, fils d'un rabbin de Cassel, y reste peu de temps ; il crée lui-même un « Institut télégraphique », d'abord à Aix-la-Chapelle, puis, avec un succès autrement plus durable, à Londres, en 1851 – l'année même où les capitales britannique et française sont reliées par télégraphe électrique. Au début, il se contente de transmettre des informations économiques et financières entre la Grande-Bretagne et l'étranger. En 1858, il ouvre un service politique.

(Interception des dépêches sur le télégraphe électrique.)

Sigismond Englander, « viveur sans peur et sans reproche », arrive de Vienne, où il a été condamné à mort pour avoir participé à la révolution.

Il suivra Reuter à Londres, y deviendra son bras droit, chargé notamment du développement de l'agence en Europe.

Bernhard Wolff est fils d'un banquier allemand. Son pays revenu au calme, il ouvre à Berlin, en 1849, une « société des télégraphes » et, avec l'aide d'un cousin de l'ingénieur Werner Siemens, une agence d'information : le Wolffs Bureau, qui deviendra plus tard la Continental.

Le dispositif Paris-Londres-Berlin est en place. Il aboutira au partage du monde de l'information. Dès 1851, les trois agences s'associent pour la mise en commun des réseaux télégraphiques allemand, français et anglais. Leur essor sera lié à leur politique télégraphique.

CHIFFRES, PONCTUATION, SIGNAUX CONVENTIONNELS.

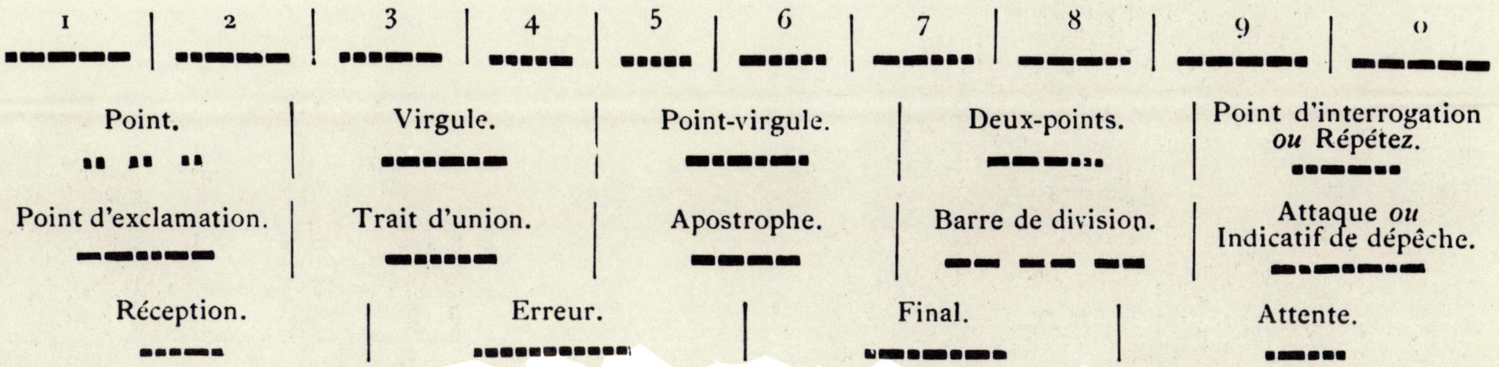

Samuel Morse 1791-1872

Pose du câble atlantique
juillet 1866

Brouillard sur Londres

Le 2 novembre 1852, la Correspondance Havas commente avec enthousiasme « des expériences fort intéressantes...

Pour mettre Paris en relation directe avec Londres par le télégraphe sous-marin : les essais ont été concluants, la transmission est instantanée. On a demandé de Paris *quel temps il faisait à Londres.* A peine la demande était-elle faite que la réponse était arrivée : *il y a un grand brouillard.* Demande et réponse ont été échangées plus vite que nous n'avons mis de temps pour les écrire ».

En 1853 apparaît dans les quotidiens parisiens la formule « Dépêches télégraphiques privées ». Cette dernière se précise début 1854 et devient : « La télégraphie privée (Havas) nous communique les dépêches télégraphiques suivantes... ». « Télégraphie privée » et « Havas » sont désormais synonymes. Il existe, d'une part, les nouvelles officielles, et de l'autre les « dépêches Havas ».

Pendant la guerre de Crimée (1854-56), guerre « lointaine » qui provoquera l'extension du réseau européen jusqu'à Saint-Petersbourg, Havas est le seul concurrent français de la « Télégraphie officielle », avec des correspondants à Thérapia, Trieste, Gênes, Marseille, Berlin. A plusieurs reprises, il la « grille » de plusieurs heures...

« Le départ pour la Crimée du Dr. Russel (correspondant du *Times*)... a inauguré une nouvelle époque pour le journalisme : il s'ensuit qu'aucun gouvernement n'est mieux renseigné que les journaux... Le journalisme est la puissance régnante dans tous les pays, les gouvernements n'étant que les simples instruments d'exécution du journalisme », écrira, trente ans plus tard, Sigismond Englander.

Ere nouvelle pour le journalisme. Et pour les journaux. L'Empereur Louis Bonaparte relâche peu à peu son étau sur la presse qui prend un essor fantastique : un an après, Paris comptera déjà 140 journaux de plus... *Le Temps,* grand journal libéral, ancêtre du *Monde* actuel, est créé en 1861 ; dans un tout autre registre, *Le Petit Journal* de Moïse Millaud, premier quotidien populaire bourré de faits divers et romans feuilletons, est en 1863 la première manifestation de la presse dite à sensation. Fin 1869, son tirage moyen frôle 600 000 exemplaires : dix ans auparavant, aucun quotidien ne dépassait les 50 000...

Havas va largement profiter de cet essor, dont il est en partie l'instigateur. L'Agence donne aux journaux les moyens de leur développement grâce à une activité nouvelle promise à un bel avenir : la publicité.

L'abonnement à la feuille lithographiée quotidienne Havas coûte 350 francs par mois, en 1849, contre 30 ou 60 francs chez certains concurrents : trop cher pour les journaux de province. Colle et ciseaux travaillent ferme, chez ceux-ci, pour concocter la partie non locale, à partir des journaux parisiens ou des correspondances autographiées arrivées la veille. Havas va leur permettre de s'offrir une « couverture » de l'actualité nationale et mondiale : il suffit d'adopter le célèbre précepte du père de la presse moderne, Emile de Girardin, « C'est aux annonces de payer le journal » ; Havas dit : « de payer l'information ».

L'Agence propose aux journaux de

prendre en régie le plus gros de leurs colonnes de publicité. Opération menée en plusieurs temps : régie progressive, à partir de 1852, des annonces non-locales de la presse de province ; constitution, en 1857, de la société Havas, Fauchey, Laffite, Bullier & Cie, qui contrôle la Société Générale des Annonces détenant ce service pour la presse parisienne. Bilan pour Havas : le nombre des journaux abonnés en province double, passant à environ 200...

En 1853, Charles-Guillaume et Auguste qui ont succédé à leur père, qui mourra en 1858, ont fort besoin de cette nouvelle manne pour financer le développement international de l'Agence.

Car le télégraphe électrique étend ses tentacules d'un continent à l'autre. En 1858 est posé un câble de plus de 3 000 km. reliant l'Irlande et Terre-Neuve... mais il rend l'âme au bout de trois mois ; il ne sera véritablement efficace que huit ans plus tard, grâce au richissime Américain Cyrus Field qui finance la quatrième tentative de liaison transatlantique. Le 28 juillet 1866, grande première : la dépêche Havas envoyée d'Amérique en France par fil électrique de Trinity Bay est publiée par tous les journaux. La veille encore, les nouvelles prenaient le bateau, pour une douzaine de jours au mieux. C'est ainsi que le Président Lincoln, assassiné le 15 avril 1865, était sous terre depuis longtemps quand Havas apprenait l'événement, le 26 avril...

QUAND UN TARTARE APPREND A HAVAS

Le 21 septembre 1854 – 1er grand scoop connu d'Havas (les archives impériales remontent à fin 1852) – Havas devance la « télégraphie officielle » avec l'annonce du débarquement le 14, de 25 000 Français, 25 000 Anglais et 8 000 Turcs en crimée.

Pendant toute la campagne de Crimée livrée contre la Russie, la presse française (et souvent le gouvernement français) compte sur Havas pour les premiers récits des péripéties de la guerre. Paris et Londres sont suspendus au télégraphe dont les fils s'arrêtent à Vienne. Au-delà, lenteurs et incertitudes s'accroissent.

Le 1er octobre, alors que, au camp de Boulogne, Napoléon III est en train d'annoncer lui-même à ses troupes la victoire de l'Alma, « Par une coïncidence providentielle, un courrier couvert de poussière arrivait de toute la vitesse de son cheval, levant une dépêche qu'il montrait de loin à sa Majesté. C'était la dépêche télégraphique du Consul de Bucharest qui annonçait la prise de Sébastopol ». L'empereur en informe ses troupes : « on ne peut rendre l'enthousiasme qui éclata à cette nouvelle... » *(Courrier du Pas-de-Calais).*

Cette dépêche datée du 30 septembre, Havas la diffuse le 1er octobre : « Aujourd'hui à midi, un Tartare est arrivé à Constantinople avec des dépêches pour Omer Pacha. Sébastopol est pris. 18 000 Russes ont été tués et 22 000 faits prisonniers... » D'heure en heure, la nouvelle semble se confirmer. Berlin et Vienne développent. Le Times, seul quotidien européen à avoir un envoyé spécial en Crimée, en fait de même. La prudence et la réserve dont a fait preuve Havas s'estompe. « La Correspondance » participe à la liesse qui s'empare des Français face à une victoire si franche et si massive.

Télégraphe militaire

L'IMPORTANCE DES SOURCES

Siège de Sébastopol

Seule personne à ne pas partager l'enthousiasme populaire, le Tartare qui reste introuvable. Le 3 octobre, personne n'a encore ouvert les dépêches pour Omar Pacha... Explication : les informations données à Bucharest par le Tartare ne l'ont été que de vive voix. Deux jours plus tard, c'est la consternation devant la dépêche qu'on s'empresse d'afficher à la bourse à une heure moins le quart : « Le Ministre de France au Ministre des Affaires Etrangères. Vienne, le 4 octobre 1854. Le récit du Tartare est démenti de Bucharest même. C'était la bataille de l'Alma amplifiée. Nous sommes sans nouvelles directes de Constantinople au-delà du 24... (Signé) Bourqueney (Ambassadeur de France à Vienne) ». Comme le *Times* de Londres, comme l'Empereur Louis-Napoléon lui-même, Havas s'est trompée. Rédigeant son « Bulletin » – sorte d'éditorial de la Correspondance – dans la soirée du 5, Auguste Havas s'en sort tant bien que mal : « si la nouvelle apportée par le fantasque Tartare de Bucharest était prématurée, les dépêches officielles qui nous arrivent ne nous annoncent pas moins de grands et glorieux événements. A la date du 27 septembre au soir, Sébastopol était cerné au Nord et au Midi... Ainsi le conte des *Milles et Une Nuits* disparaît... Sébastopol n'est pas pris, mais on le prendra ».

En pays de langue allemande, une fausse nouvelle s'appelle encore *eine Tartarennachricht*. Dans les milieux de l'Agence Havas, la « Tartarinade » sera pendant longtemps l'exemple à ne pas suivre. L'on ne l'y prendra plus. Près de vingt ans plus tard, pendant la guerre de 1870, Havas dénoncera encore « une grossière mystification ou... un coupable stratagème de Bourse qui n'a pas, comme le Tartare de Sébastopol en 1854, l'excuse d'une méprise ».

Sébastopol

Féroce concurrence

La diplomatie de Louis-Napoléon et les intérêts géopolitiques de la France ne se cantonnent pas au vieux continent.

L'expédition mexicaine est lancée en 1861 l'Algérie est française depuis 1830 ; l'expansion coloniale débute. L'Europe, puissance dominante de l'époque, tient à être informée au plus vite.

Comment « couvrir » ce monde dont les frontières reculent ? Dès 1856, Havas, Reuter et Wolff ont passé un accord pour échanger cours de Bourse et de marchandises. Mais pour le reste elles ont chacune leur dispositif d'« agents » à travers l'Europe. Quand Napoléon III, en janvier 1859, laisse entendre qu'une guerre contre l'Autriche, à propos de l'Italie, est imminente, c'est Reuter et non Havas qui obtient le « scoop »... Pendant toute la durée de cette guerre – qui utilise pour la première fois des moyens de communication de pointe, chemin de fer et télégraphe électrique, pour les armées en campagne – les trois agences sont en féroce concurrence.

Elles savent en tirer leçon : informer « le monde entier » s'étant révélé trop coûteux pour chacune, elles décident d'assurer en commun un service international hors pair.

Une sorte de Yalta de l'information se tient à Paris, le 18 juillet 1859 : les frères Havas signent avec Bernhard Wolff et Julius Reuter le premier d'une série de contrats, aux termes desquels leurs trois agences vont se partager le monde.

L'échange des informations est consacré. De nouvelles succursales sont établies à frais communs : les « Trois Grands » s'engagent à « se prêter un mutuel concours pour l'extension et l'exploitation des services télégraphiques, de manière à prévenir les tentatives de concurrence et à accroître les services selon les besoins du public, de la presse et le développement des lignes électriques. »

Plus tard (accord du 17 janvier 1870), chacun s'interdit de distribuer l'information autrement que par le canal de ses « alliés », dans les « territoires » assignés à chacun.

Le territoire Havas comprend la France, les pays méditerranéens et l'Amérique latine (à partir de 1876). A Reuter la Grande-Bretagne, l'Empire britannique et l'Extrême-Orient ; à Wolff l'Allemagne, l'Autriche, la Russie et les pays scandinaves. Certains pays comme l'Empire Ottoman, l'Egypte et la Belgique sont contrôlés en commun par Havas et Reuter.

On criera bientôt au « cartel », au « trust » de l'information mondiale. Pour Havas, un seul inconvénient : l'Agence dépend dans certains pays intéressant la France soit d'agences officieuses, soit de ses deux alliées. Ainsi, pour les Etats-Unis, les nouvelles transmises par l'agence Associated Press (née en 1848), entrée à son tour dans l'alliance, sont envoyées à Londres (Reuter) par le câble transatlantique, qui ne les répercute à Havas qu'après avoir opéré son propre tri...

Mais comme rien, dans les accords, n'interdit à une agence d'envoyer ses propres correspondants auprès d'une alliée, Havas ne tarde pas à ouvrir elle-même des bureaux à Londres et à Berlin, dans les années 80, et à placer ses hommes dans les grandes capitales européennes.

1879 marque plusieurs tournants.

Avec l'élection de Jules Grévy, la France devient définitivement républicaine. La liberté de la presse, votée le 29 juillet 1881, entraîne une floraison pluraliste. En 1914, un Français sur quatre lit un quotidien : c'est le taux de lecture le plus élevé de la presse européenne. Tournant également chez

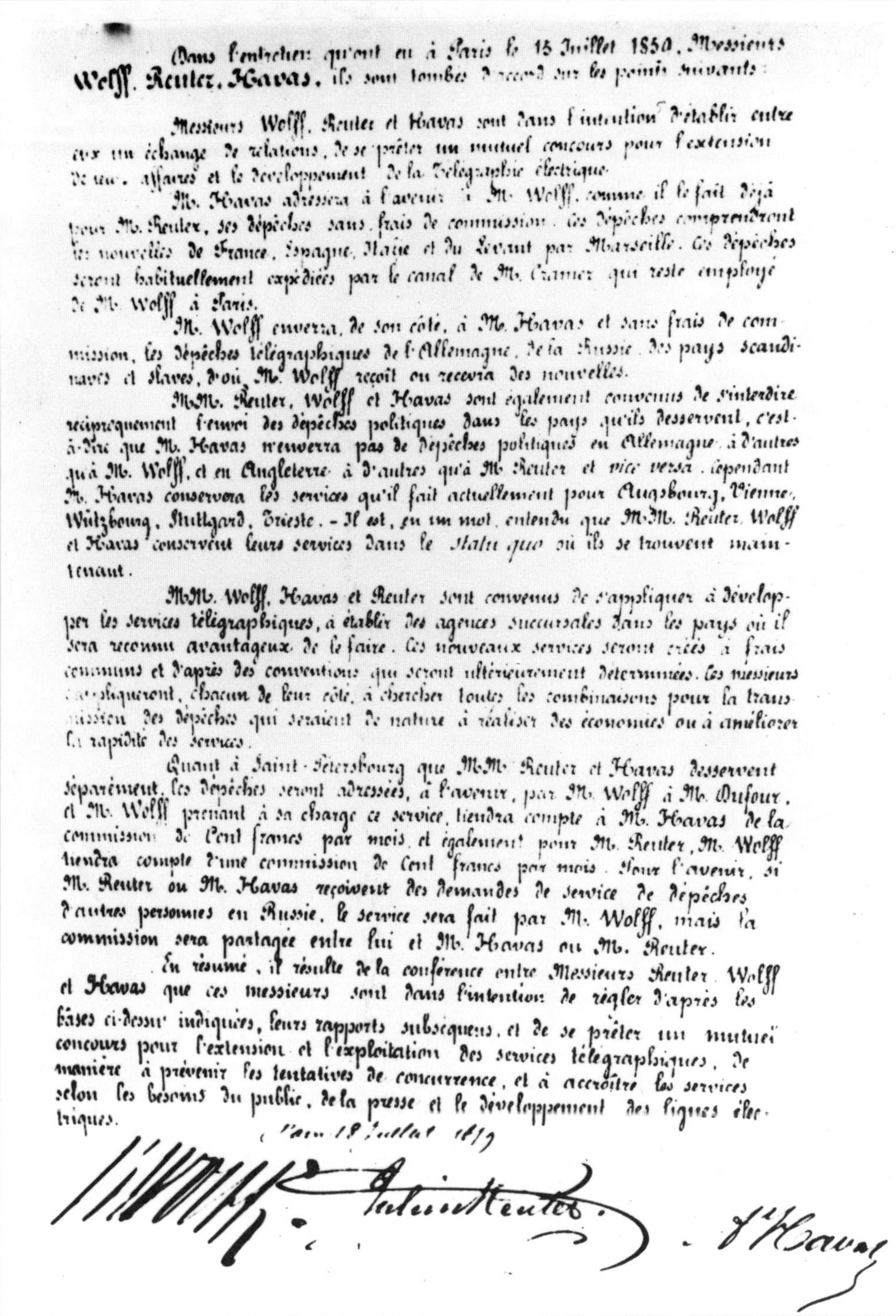

Dans l'entretien qu'ont eu à Paris le 15 Juillet 1859, Messieurs Wolff, Reuter, Havas, ils sont tombés d'accord sur les points suivants :

Messieurs Wolff, Reuter et Havas sont dans l'intention d'établir entre eux un échange de relations, de se prêter un mutuel concours pour l'extension de leurs affaires et le développement de la Télégraphie électrique.

M. Havas adressera à l'avenir à M. Wolff, comme il le fait déjà pour M. Reuter, ses dépêches sans frais de commission. Ces dépêches comprendront les nouvelles de France, Espagne, Italie et du Levant par Marseille. Ces dépêches seront habituellement expédiées par le canal de M. Cramer qui reste employé de M. Wolff à Paris.

M. Wolff enverra, de son côté, à M. Havas et sans frais de commission, les dépêches télégraphiques de l'Allemagne, de la Russie, des pays scandinaves et slaves, d'où M. Wolff reçoit ou recevra des nouvelles.

MM. Reuter, Wolff et Havas sont également convenus de s'interdire réciproquement l'envoi des dépêches politiques dans les pays qu'ils desservent, c'est-à-dire que M. Havas n'enverra pas de dépêches politiques en Allemagne à d'autres qu'à M. Wolff, et en Angleterre à d'autres qu'à M. Reuter et vice versa. Cependant M. Havas conservera les services qu'il fait actuellement pour Augsbourg, Vienne, Wurtzbourg, Stuttgard, Trieste. – Il est, en un mot, entendu que MM. Reuter, Wolff et Havas conservent leurs services dans le statu quo où ils se trouvent maintenant.

MM. Wolff, Havas et Reuter sont convenus de s'appliquer à développer les services télégraphiques, à établir des agences succursales dans les pays où il sera reconnu avantageux de le faire. Ces nouveaux services seront créés à frais communs et d'après des conventions qui seront ultérieurement determinées. Ces messieurs s'appliqueront, chacun de leur côté, à chercher toutes les combinaisons pour la transmission des dépêches qui seraient de nature à réaliser des économies ou à améliorer la rapidité des services.

Quant à Saint-Pétersbourg que MM. Reuter et Havas desservent séparément, les dépêches seront adressées, à l'avenir, par M. Wolff à M. Dufour, et M. Wolff prenant à sa charge ce service, tiendra compte à M. Havas de la commission de Cent francs par mois et également pour M. Reuter, M. Wolff tiendra compte d'une commission de Cent francs par mois. Pour l'avenir, si M. Reuter ou M. Havas reçoivent des demandes de service de dépêches d'autres personnes en Russie, le service sera fait par M. Wolff, mais la commission sera partagée entre lui et M. Havas ou M. Reuter.

En résumé, il résulte de la conférence entre Messieurs Reuter, Wolff et Havas que ces messieurs sont dans l'intention de régler d'après les bases ci-dessus indiquées, leurs rapports subséquents, et de se prêter un mutuel concours pour l'extension et l'exploitation des services télégraphiques, de manière à prévenir les tentatives de concurrence, et à accroître les services selon les besoins du public, de la presse et le développement des lignes électriques.

Paris 18 Juillet 1859

Wolff. Julius Reuter. A. Havas

Havas : Auguste, sexagénaire, décide de se retirer. Il n'a pas d'enfant, son frère non plus. Cinq ans avant, il a engagé le fils d'un de ses associés-gérants de la Société Générale des Annonces, Edouard Lebey, vite devenu son bras droit ; Lebey vient de faire entrer dans la maison un de ses amis, Henri Houssaye. Tous deux sont très jeunes ; ils se succèderont à la direction de l'Agence Havas – Lebey de 1879 à 1899, Houssaye de 1900 à 1912. Le neveu de ce dernier, Charles, figure de 1912 à 1939 parmi les dirigeants de Havas Information. Les passations de pouvoir se font donc sans rupture...

Le 24 juillet 1879 l'affaire familiale se transforme en société anonyme, avec un capital de 8 500 000 francs, répartis en 17 000 actions de 500 francs. La Société Générale des Annonces garde l'exploitation de la publicité dans la presse parisienne ; la S.A. lui rachète l'Agence, avec son nom et tous ses services d'information, ainsi que l'exploitation des annonces en province et à l'étranger. Statuts qui ne bougeront pas jusqu'en 1914.

Les générations passent, aussi, chez les deux grands alliés de Havas... A Londres, Herbert de Reuter s'assied dans le fauteuil paternel ; à Berlin, Richard Wentzel prend les commandes de la Continental.

Auguste Havas (haut, gauche)
Julius Reuter et son fils (bas, gauche)
Contrat de 1859 (ci-dessus)
Bernard Wolff (haut, droite)

DE LA CHUTE DE LA COLONNE VENDOME

Correspondance Havas, le 17 mai 1871 : partie officielle... *Renversement de la colonne Vendôme*

« Le décret de la Commune de Paris qui ordonnait la démolition de la colonne Vendôme, a été exécuté hier, aux acclamations d'une foule compacte assistant, sérieuse et réfléchie, à la chute d'un monument odieux, élevé à la fausse gloire d'un monstre d'ambition... Le premier Bonaparte a immolé des millions d'enfants du peuple à sa soif insatiable de domination ; il a égorgé la République après avoir juré de la défendre...

La colonne est tombée non pas à deux heures comme on l'avait annoncé, mais à cinq heures et demie. Elle est tombée sans bruit pour ainsi dire, du côté de la rue de la Paix, sur le lit de fascines qui lui avait été préparé. Elle a soulevé des nuages de poussière au milieu desquels elle a disparu. La foule était nombreuse sans doute mais beaucoup moins qu'on l'aurait cru... ».

Deux mois auparavant, le 18 mars, « La Commune » avait pris le pouvoir à Paris et s'opposait au gouvernement de Thiers et à l'Assemblée Nationale qui siégeaient à Versailles.

Elle se termine du 21 au 28 mai 1871 par la « semaine sanglante » durant laquelle une guerre des rues entre l'armée de Versailles commandée par Mac-Mahon et les Communards s'engage.
Paris est à feu et à sang. 30 000 personnes environ sont tuées et de nombreux édifices détruits et incendiés (les Tuileries, l'Hôtel de Ville, le Palais de la Légion d'Honneur...).
Comment l'agence Havas a-t-elle vécu et couvert ces événements ?
La mise sous scellés, par la Commune, de certains journaux qui lui sont hostiles, et les difficultés de communication et de diffusion de l'information entraîne la réduction de la Correspondance Havas à une seule feuille de couleur bleue. A partir du 1er avril, elle ne contient pratiquement plus que le procès-verbal des réunions du comité central de la Commune et cite des extraits des journaux favorables à la Commune, notamment « Le Cri du Peuple ».

Le 4 avril, l'agence est occupée par les Communards, Auguste Havas cède la place à ses visiteurs et la correspondance cesse de paraître jusqu'au 19 avril. Elle devient à cette date et jusqu'au 20 mai, un organe de la Commune, un auxiliaire du Journal Officiel, mais ne porte plus le nom d'Havas.

Le dimanche 21 mai, 1er jour de la semaine sanglante, les représentants de la Commune abandonnent l'agence. Le jour même Auguste Havas revient et réussit à sortir une feuille bleue. Il tente de rassurer sa clientèle : « Afin d'obvier aux retards apportés dans le service des postes par le déplacement de l'administration centrale, nous avons pris le parti d'envoyer par un courrier spécial nos lettres aux gares où commence le service régulier de la poste. Nous espérons que ce service extraordinaire mettra les journaux, nos abonnés, à même d'être renseignés plus rapidement sur les événements qui se passent à Paris ».
Mais la circulation est interdite. Le tocsin sonne. Des barricades s'élèvent. Des obus tombent sur le centre de la capitale. Auguste Havas demeure presque seul Hôtel de Bullion. L'imprimerie est arrêtée. Aux alentours, fusillades, exécutions sommaires, incendies se multiplient.

A LA CHUTE DE LA COMMUNE (1871)

Le dimanche suivant, 28 mai, la *Correspondance Havas* reparaît : « Tous les jours derniers, par suite de la difficulté de circulation dans les quartiers, théâtre de la lutte, la plus grande partie de notre personnel nous a manqué et a rendu notre publication impossible ».

Suit alors une communication officielle de l'état-major, datée de la veille : « Le général Ladmirault a fait enlever, ce soir, les Buttes-Chaumont et les hauteurs de Belleville... les ruines des Tuileries, du Palais-Royal, de l'Hôtel de Ville, etc...fument toujours... La plupart des boutiques, cafés et restaurants des boulevards et rues principales restent fermés. Le cadavre de Delescluze a été trouvé derrière la barricade du boulevard Voltaire... ».

On connaît la répression qui s'en suivit. Si Auguste Havas ne prend pas la défense des vaincus, il ne laisse toutefois pas passer un mot qui approuve les excès des vainqueurs. Toujours la même règle « des informations, pas de passions ».

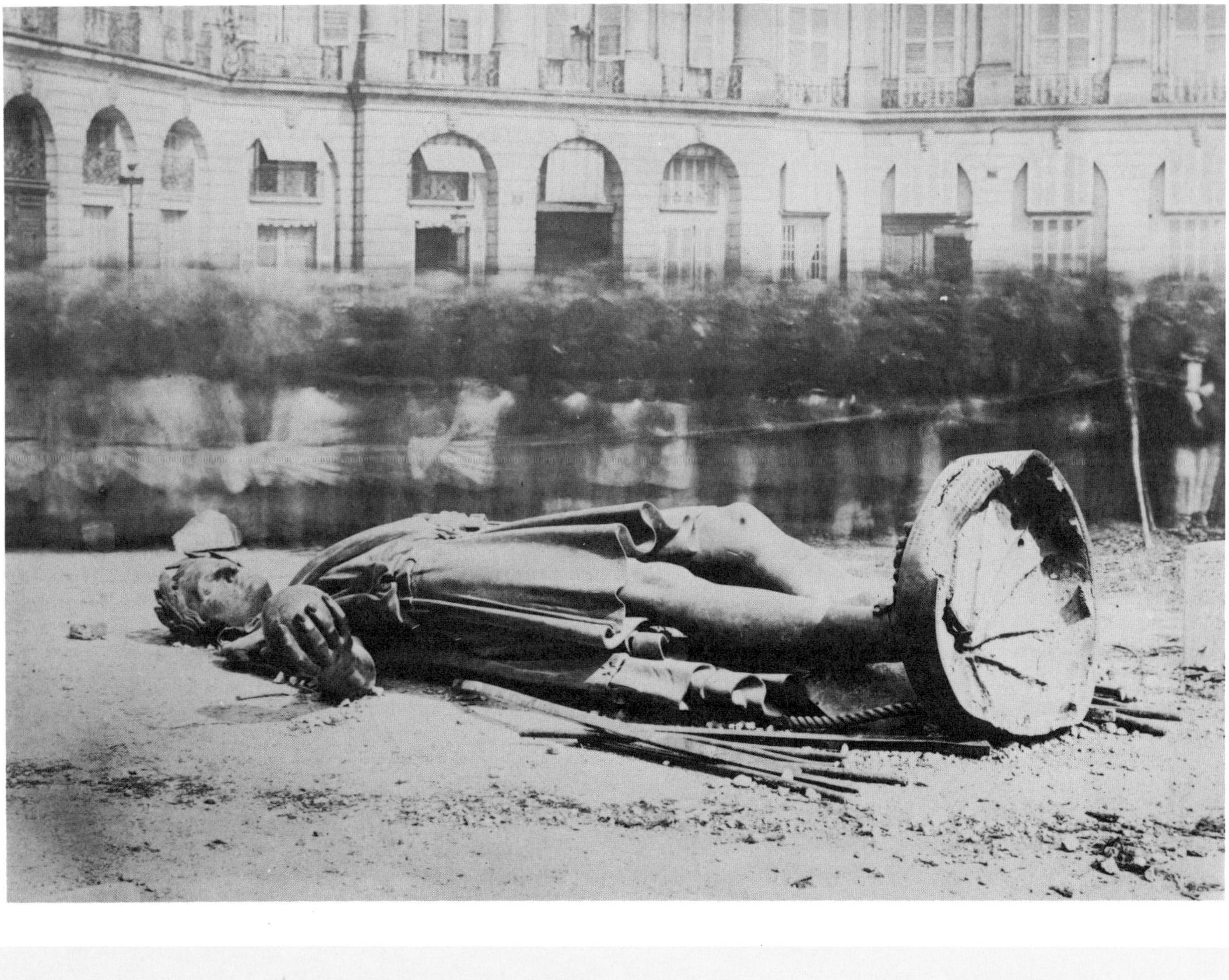

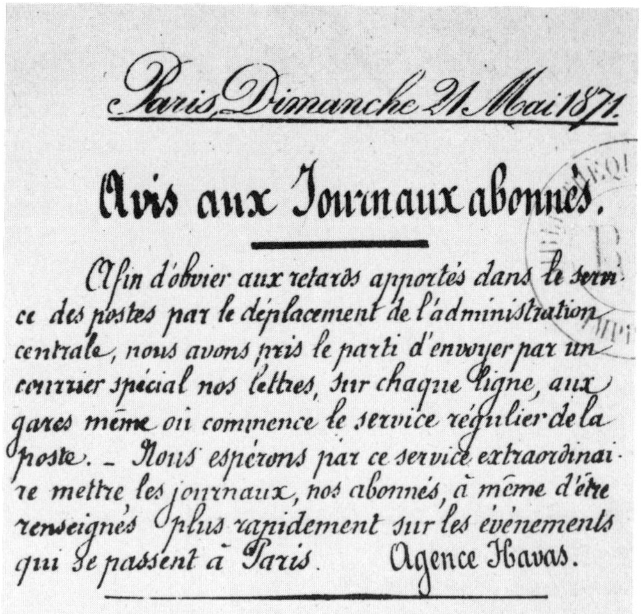

Paris, Dimanche 21 Mai 1871.

Avis aux Journaux abonnés.

Afin d'obvier aux retards apportés dans le service des postes par le déplacement de l'administration centrale, nous avons pris le parti d'envoyer par un courrier spécial nos lettres, sur chaque ligne, aux gares même où commence le service régulier de la poste. – Nous espérons par ce service extraordinaire mettre les journaux, nos abonnés, à même d'être renseignés plus rapidement sur les événements qui se passent à Paris. Agence Havas.

Paris après la semaine sanglante

Exécution de Mgr Darboy et de prêtres par les Communards

Le téléphone de Bell

Le suicide du général

A hommes nouveaux, moyens nouveaux : les inventions spectaculaires de la fin du 19e siècle

Téléphone, téléscripteur, radio – entrent au service des agences. Le volume des informations augmente. Le débit s'accélère. Tout cela exige des investissements croissants en matériel et en hommes.

Le téléphone, inventé par Alexander Graham Bell en 1875, fait son apparition en Europe en 1877. Edouard Lebey l'utilise sur-le-champ.

En 1880, Paris compte 479 abonnés ; en 1900, ils sont 3 000. Et la toile d'araignée se tisse sur l'Europe... Dire que les agences voient ce « progrès » d'un œil enthousiaste serait excessif : surtout Havas, qui détient le monopole de fait des transmissions... L'Agence

Les fils du téléphone

n'a pas encore rentabilisé ses investissements dans la construction et location de fils télégraphiques, que déjà des concurrents se mettent à faire « une consommation prodigieuse du téléphone ».

Ainsi, l'Agence Dalziel, l'une des rares à inquiéter les grandes « alliées » européennes, réussit-elle à « griller » deux fois Havas, en moins d'une semaine. 30 septembre 1891 : le général Boulanger se suicide sur le tombeau de sa maîtresse, à Bruxelles ; 6 octobre : le leader irlandais Charles Parnelle meurt. Ces deux événements sont annoncés par Dalziel avec... quinze à trente minutes d'avance sur Havas, qui le prend très mal.

Pour comble, « certains concurrents » n'hésitent pas à « télégraphier ou téléphoner » l'annonce d'un événement probable avant même qu'il ne se produise.

En janvier 1906, le scrutin n'est pas clos que l'élection d'Armand Fallières à la Présidence de la République s'étale à la « une » de quelques journaux ! Henri Houssaye, mi-figue mi-raisin : « C'était établir le record de la rapidité mais aussi celui de la fantaisie. »

Le volume des dépêches enfle, le travail des correspondants se complique. A Londres, où il est en poste depuis les années 80, Elie Mercadier voit le service quotidien diffusé sur Paris passer de 1 500 à 30 000 mots... Il doit se lever à cinq heures du matin pour téléphoner sa revue de la presse britannique, très prisée des grands journaux parisiens.

Le téléscripteur ou « télégraphe imprimeur » (qui équipe aujourd'hui encore le réseau des agences) est mis au point au début des années 1850. Il per-

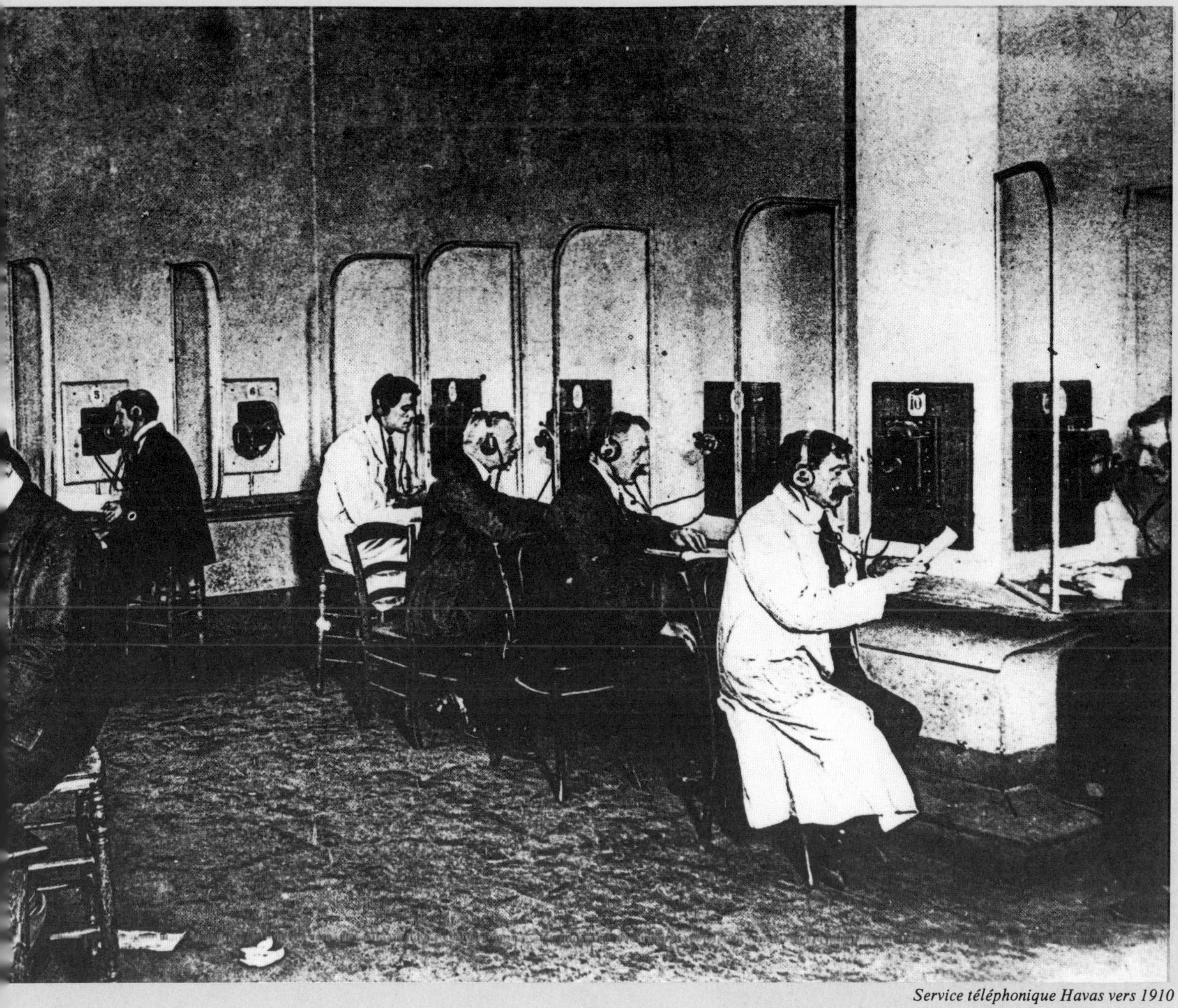

Service téléphonique Havas vers 1910

met la télégraphie en multiplex (lancement de plusieurs signaux sur un même fil) et la transcription des dépêches en clair à l'arrivée (d'où l'abandon progressif du système morse). Ce nouveau type d'appareil, habituellement appelé aux Etats-Unis « Tickers » et en Angleterre « Printing Telegraphs » ne commence réellement à se développer qu'au début 1880.

Un des Tickers conçu par l'Américain Wright est perfectionné par un ouvrier mécanicien le téléscripteur Wright-Nigron est installé dans de nombreux cafés et banques, à Paris et en banlieue, dès 1894. Les derniers ne disparaîtront qu'en...1982. Ces printings sont répartis en quatre, puis cinq réseaux (A, B, C, D) nouvelles hippiques (A), financières (B), politiques (C) ; le réseau D résume les trois précédents, et le E, créé en 1924, que diffuse les nouvelles commerciales.

Les journaux seront plus lents à s'équiper ; certains, se contentant des feuilles télégraphiques Havas arrivant en vélo d'heure en heure, ne se convertiront au téléscripteur qu'au début des années 20.

A la fin du siècle, nouvelle révolution dans les transmissions : la TSF, ou « Télégraphie sans fil ». Havas et sa Correspondance suivent de près sa croissance. Dès avril 1902, Houssaye fait installer un mât de TSF sur le toit du 13, place de la Bourse (1).

L'adaptation d'Havas aux changements technologiques est constante. Facteur essentiel de sa puissance grandissante.

1 - Installée à L'Hôtel de Bullion, rue Jean-Jacques Rousseau, l'agence y demeure quarante ans. En 1875, elle déménage pour le 35, rue Notre Dame des Victoires, puis en 1896 pour le 13, Place de la Bourse, où siège actuellement l'A.F.P.

18. Agence Havas Information
Le Service de réception Radiotélégraphique et Radiotéléphonique
FACTURES

Service de réception radiotélégraphique et radiotéléphonique (haut, gauche)
Service de transmission : appareils Printing (bas, gauche)
Salle des télégraphes (haut, droite)
Service des fils spéciaux (centre, gauche)
Service « typographie » (centre, droite)
Service « imprimerie » (bas, droite)

PORTRAIT D'UN AGENCIER : LEON POGNON

(1845-1914)

Léon Pognon est né à Honfleur et débute dans le journalisme comme correcteur au *Journal de Rouen.* A 26 ans, il monte à Paris et collabore successivement à divers grands journaux : Le *Messager de Paris,* le *Courrier de France, L'Avenir National,* et *l'Evénement.* Un an plus tard (en 1872) il est engagé à l'Agence Havas par le nouveau patron Edouard Lebey. Carrière d'abord parisienne – comme tout agencier débutant –, il est chargé du service parlementaire pour les grands journaux de province, puis 4 ans plus tard, il part pour l'étranger. Lebey l'envoie ouvrir un bureau en Roumanie. La guerre russo-turque, déclarée, (avril 1877), Pognon devient grand reporter et correspondant militaire auprès de l'armée russe en territoire bulgare. Havas assure une couverture aussi complète que possible de la guerre. Son dispositif est en place : à Saint-Pétersbourg, Elie Mercadier, envoyé spécial de l'agence, négocie avec M. de Pogenpohl, directeur de l'Agence Générale (officielle) russe, qui s'engage à fournir un service de base. Un autre envoyé spécial, Chateau, débarque à Constantinople, fin 1876. Mais c'est Léon Pognon qui se trouve sur le champ de bataille. Le 12 avril, Lebey lui écrit de descendre de Bucarest à Roustchouk, en territoire bulgare, pour y voir Sadig Pacha, l'ancien ambassadeur de Turquie à Paris, son ami personnel : « en cas de guerre, il faut tout faire pour nous informer côté russe et côté roumain. Organisez, d'accord avec Sadig, un service qui devra primer tous les autres... Comme vous êtes entre les deux belligérants, vous devez être pour nous la base de tous renseignements ». Pognon réussit : il se fait présenter au grand duc Nicolas, Lebey lui écrit : « Vos dépêches sur les bombardements de Galatz et de Braïla sont très reproduites. Donnez-nous des faits, le plus de faits possibles. Cela plaît mieux aux journaux que les discussions ». Le grand duc accorde à Havas l'usage des fils militaires russes : Pognon voyage dans une voiture et des chevaux achetés à Bucarest et s'installe au quartier général russe à Zimnistsa, sur la rive gauche du Danube.

La situation se gâte : de Plevna, le commandant turc, Osman Pacha, inflige échec sur échec au grand duc Nicolas. Pognon essaie de faire passer ses dépêches tantôt par la Russie, tantôt par la Turquie, tantôt par la Serbie : la censure l'accable, le télégraphe est défaillant. Début août, il essaie de passer en Roumanie porter ses dépêches : dans une île du Danube, il est attaqué par des rôdeurs. Laissé pour mort, il se retrouve à l'hôpital militaire russe de Sistova avec une épaule démise et une blessure à la tête ; le tsar Alexandre envoie, pour le soigner, son propre chirurgien. Pour une fois, Lebey et Houssaye abandonnent le ton officiel qui caractérise la correspondance avec leurs « agents » : « Le soussigné vous somme de lui dire où était votre revolver. Vous avez crié au lieu de faire feu. Toujours le même... On vous serre cordialement les deux mains ».

Quelques mois plus tard il regagne Paris. A 34 ans, il prend la tête des services parlementaire et politique et devient rapidement le numéro trois de l'agence, après Lebey et Houssaye. Ami et confident des ministres, il accompagne les grands de ce monde dans leurs voyages officiels.

Le samedi 23 juin 1894, il est à Lyon, et suit à pied le Président Carnot lorsque celui-ci est tué, rue de la République, par le poignard d'un anarchiste d'origine italienne, Giovanni Caserio. Il court au bureau lyonnais d'Havas : seule l'agence dispose alors d'un fil téléphonique spécial entre Paris et Lyon ; le ministre de l'intérieur fait suspendre toutes les communications télégraphiques et téléphoniques interurbaines : mais le fil Havas n'est pas coupé. Un quart d'heure après l'événement, Paris est au courant grâce à sa présence d'esprit.

QUAND TOUS LES CABLES MENENT A LONDRES : L'IMBROGLIO DE FACHODA (1898)

au centre, assis, le capitaine Marchand

Les sociétés de câbles trans-océaniques de la fin du 19e siècle établissent souvent leur siège ou quartier général européen à Londres. Havas apprécie mal cette situation : « de par l'outillage télégraphique anglais sur tous les points du monde, Londres domine de haut toutes les agences » (Havas-Paris à son correspondant londonien, Mercadier, le 14.5.1909). L'agence sera même obligée d'installer son desk latino-américain à Londres, dans les locaux de Reuter, le seul câble reliant l'Amérique du Sud – territoire Havas – à l'Europe arrivant en Angleterre.
En Afrique, la suprématie télégraphique des Britanniques, est également réelle. Cette situation aura en cette fin de siècle des conséquences tragi-comiques. Après le congrès de Berlin (1885) le continent noir est devenu l'enjeu de rivalités coloniales. Si la France s'est retirée cette même année de l'Egypte, elle ne compte pas pour autant laisser les Britanniques maîtres du Nil.

Le 2 septembre 1898, grâce à la victoire d'Omdurman, ville située en face de Khartoum, le général britannique Kitchener rattache le Soudan à l'Egypte. Mais, le 7 septembre, on signale la présence d'une troupe française à Fachoda – petit village soudanais situé plus haut sur le Nil – commandée par le capitaine Marchand. Parti de Brazaville, le capitaine Marchand couperait-il à Fachoda, la ligne britannique nord-sud ?
Tant sur le plan des informations, que sur celui des forces armées, la France ne peut lutter à armes égales. Kitchener déteste la presse. Seul, le correspondant Reuter trouve grâce à ses yeux. Les journalistes sont refoulés sur le Caire : les bureaux Havas du Caire et d'Alexandrie n'arrivent pas à vérifier les bruits qui courent. Le gouvernement français non plus. Marchand n'est relié à Brazzaville que par courrier : ses lettres mettent quatre mois pour parvenir en France. Le 21 septembre, lorsqu'il rencontre Kitchener, il est sans nouvelles de la métropole depuis au moins six mois. En revanche, Kitchener, en remontant la vallée du Nil depuis le Caire, a fait poser une voie ferrée et un fil télégraphique jusqu'aux abords d'Omdurman, à trois jours de bateau de Fachoda, ce qui permet au gouvernement britannique d'être au courant de cette rencontre...4 jours plus tard.
Des deux côtés de la Manche, certains journaux à sensation poussent à la guerre. Il est question de mobiliser la flotte britannique. Pour apaiser rapidement cette tension grandissante, il ne reste plus au ministre français des Affaires étrangères Delcassé – toute honte bue – qu'à emprunter les propres fils britanniques pour communiquer avec Marchand. « L'autorisation gracieusement accordée » par les autorités britanniques, la dépêche de Delcassé à Marchand, et le rapport qui y répond, transitent donc par le fil télégraphique et le bateau militaire de Kitchener. Une guerre est évitée. Elle n'a tenu qu'à un fil (britannique).

Henri Houssaye

Déraillements et attentats

Pièce maîtresse du service parisien, les feuilles télégraphiques Havas

La première de ces feuilles, au format d'une page de journal tabloïd, sort à 8 heures du matin. Une demi-douzaine d'autres feuilles suivent, à heure fixe, au cours de la journée, et sont emportées au fur et à mesure par les porteurs des journaux parisiens. La distribution de ces feuilles (jusqu'à onze par jour environ 40 000 mots), continuera jusqu'à la deuxième guerre mondiale.

En province et à l'étranger, les dépêches sont télégraphiées. Les journaux en prennent connaissance aux bureaux de l'agence ou les reçoivent directement par « fil spécial ». Havas édite toujours, par ailleurs, des informations financières pour ses abonnés non-médias.

La *correspondance* n'est plus autographiée (manuscrit tiré à la lithogravure) mais imprimée ; c'est une sorte de journal de 4 feuilles, qui reproduit les principales nouvelles de la journée et comporte des articles « magazine ». Elle est publiée à 18 h. et expédiée par poste en province. Sont également envoyés, par chemin de fer, des clichés métalliques donnant les comptes-rendus des Chambres, que les journaux de province peuvent utiliser tels quels.

Le *Service d'informations générales* est transmis par télégraphe en province et à l'étranger. A Paris, il est distribué par divers moyens (printing, téléscripteur et cycliste). Comportant surtout des faits, ce service doit être, selon la direction de Havas, « impartial et irréprochable ». Cette doctrine – élément fondamental de la philosophie de Charles-Louis Havas, toujours respectée aujourd'hui – ne subira qu'une seule entorse, avec la création, en 1879, de *correspondances particulières,* rédigées selon les intérêts et sensibilités politiques des abonnés : la A pour les républicains gouvernementaux, la B pour les radicaux, la C pour les conservateurs. Leur vie sera de courte durée.

Par ailleurs des services spéciaux fournissent à la demande des journaux parisiens et régionaux abonnés, des articles sur des sujets divers : politique, faits divers, société, sports... Ici, la consigne Havas est : « L'intérêt prime l'exactitude ».

Les journaux clients de l'Agence lui demandent, de plus en plus, de délaisser cette « raideur diplomatique... qui rend 50 % des dépêches politiques insupportables au plus grand nombre des lecteurs. »

En mai 1888, Havas souligne, à l'attention de ses succursales ou alliées européennes, le prix que « les journaux de tous les pays » attachent à une rapide information des « faits divers importants qui se produisent à l'étranger », ainsi que des « nouvelles internationales graves ». Parmi les premiers, à côté « des incendies, tremblements de terre et autres déraillements qui nous passionnent toujours, les duels entre personnages marquants ; » parmi les secondes, « un attentat contre la vie d'un souverain, même non suivi de mort... ». Ainsi, peu à peu, le contenu de la « copie » Havas se modifie-t-il autant que sa forme.

A la veille de la première guerre mondiale, Havas Information emploie 350 personnes à son siège.

Deux fois plus qu'en 1879. Elle déclare avoir 400 correspondants en France et 125 à 150 dans les autres pays (payés pour la plupart à la commission), et une quarantaine de bureaux à travers le monde, dont un à New York, inauguré en 1913. Elle alimente les quatre grands titres de la presse quotidienne nationale (Le Petit Parisien, le Petit Journal, Le Matin, le Journal) ; elle fournit jusqu'aux 3/4 de la copie d'un bon nombre de journaux régionaux.

Une confortable assise financière (en 1914, capital de 8 millions et demi de francs, actif estimé à près de 10 millions de francs-or) ; des liens toujours privilégiés avec le pouvoir (le Quai d'Orsay, surtout, « utilise par prédilection la vaste audience qu'elle lui offre pour faire connaître ses vues au monde quand il le désire ») ; et enfin la sécurité apportée par les agences alliées : Havas peut envisager l'avenir avec confiance. En 1914, une Assemblée générale extraordinaire décide d'importantes extensions de l'« objet social » (l'information téléphonique, l'information sportive, etc.) et de proroger la vie de la société... jusqu'au 23 juillet 2028.

Havas au début du siècle

Photo H. Manuel.

M. Léon RÉNIER (Senior)
Chairman

M. Guimier,
MANAGER

M. Léon Renier (Junior)
MANAGER

M. Cassard
(NEWS AGENCY)

M. Le Gigan
(NEWS AGENCY)

M. Hirsch
(NEWS AGENCY)

M. Carré
(ADVERTISING AGENCY)

M. Audibert
(ADVERTISING AGENCY)

The Managers of the Provincial Branches.

La valse du dividende

1914, on s'en doute, sonne le glas de la belle alliance entre les agences

Elle ne prendra totalement fin, cependant, que dans les années 30. Dès le début de la première guerre mondiale, Havas ordonne à ses représentants de rompre avec les bureaux ennemis : « Ecartez résolument de votre service et de vos réexpéditions toutes dépêches ne provenant pas de Paris, Londres, Petersbourg, Bruxelles et Belgrade ».

Temps difficiles. Pendant toute la durée de la guerre, le gouvernement français interdit la publication des communiqués ennemis : mesure fort gênante pour une entreprise d'information internationale... Afin d'éviter toute équivoque entre propagande et information, Havas propose à Delcassé, ministre des Affaires étrangères, d'emprunter le système dit « des tractatus », mis au point par le gouvernement allemand et l'agence Continental : il s'agit de faire précéder du mot « Vale » les dépêches de propagande, payées par le gouvernement français.

Le blocus de l'information met Havas en position d'infériorité dans les pays neutres. En Amérique Latine, elle est supplantée notamment par des agences américaines ; les recettes à l'étranger de sa branche Information chutent. Le dividende de la société, de 60 francs en 1913, dégringole à 25 francs en 1914 et 1915.

La paix revenue, la situation paraît s'assainir : en 1919, le dividende a regrimpé à 60 francs. En 1920, Havas rachète la Société Générale des Annonces, dont elle s'était séparée en 1879, et augmente son capital : 18 500 000 francs en 1920, 105 000 000 francs en 1930. Modifiés en 1920, les statuts permettent « l'exploitation de tous moyens de publicité, y compris celle payée en tout ou en partie par un intérêt dans la vente des produits annoncés. » Havas devient un « holding ». Elle prend des intérêts dans une production pharmaceutique dont elle gère la publicité. Peu à peu, la publicité prend le pas sur la branche information...

Cette politique est l'œuvre de Léon Rénier, homme d'affaires et régisseur de publicité hors série, qui devient en 1923, à l'âge de 66 ans, président du conseil d'administration de l'Agence. En 1930, celle-ci a en régie 240 journaux français ; Rénier accepte qu'une partie des bénéfices de la branche publicité renfloue la branche information, qui bat de l'aile entre 1918 et 1921 : l'image de l'agence devient progressivement celle d'une entreprise de publicité. L'équilibre jusqu'alors maintenu entre les deux branches est rompu.

Ce déséquilibre va s'accentuer au cours des années 30 ; la dépression économique qui touche l'Europe n'épargne pas Havas, qui voit les bénéfices publicitaires baisser de 30 %, et la branche information redevenir déficitaire.

Le climat politique est lourd. Crise des institutions, antiparlementarisme, violence des antagonismes entre extrême-droite et extrême-gauche, affaire Stavisky, émeutes du Front Populaire, sur fond de recession et de chômage : tout cela complique la tâche des agenciers voués à l'impartialité. Même des journaux autrefois connus pour leur attachement à l'information « brute », comme Le Matin, montrent un engagement politique de plus en plus net.

A l'étranger aussi les choses ont changé. Et d'abord les rapports de force : le « partage du monde » entre agences alliées subit de plus en plus d'entorses. En Amérique comme en Europe du Nord, Centrale et de l'Est, le déclin du vieux tandem Havas-Reuter va de paire avec celui de la France et de l'Angleterre, déjà bien amorcé.

En Amérique latine, « territoire » Havas, la concurrence nord-américaine sévit ; après United Press (UP), voici que s'y implante l'alliée Associated Press : elle a trop peur de voir ses membres nord-américains la quitter pour sa rivale UP. Havas ne peut plus faire face à ces ogres. Elle envisage à plusieurs reprises, de fermer certains bureaux ou services à l'étranger. Le Quai d'Orsay s'y oppose

en 1921, il accorde des subsides, et demande le maintien aux Etats-Unis du bureau Havas alimentant l'Amérique Latine.

L'emploi généralisé de la radio , qui supprime de fait le monopole territorial des agences, conforte cette nouvelle donne. Le télégraphe était aisément contrôlable ; la radio (surtout les ondes courtes) permet à certains gouvernements, et notamment à ceux des Etats totalitaires, de faire leur propagande dans le monde entier à travers leurs agences.

L'URSS crée en 1925 l'Agence Tass, dont le budget va décupler en cinq ans ; l'Allemagne hitlérienne transforme la Wolff-Continental en Deutsches Nachrichtenbüro (DNB), et ramifie outre-mer une agence de propagande radiotélégraphique, la Transocean. Les règles du jeu établies par les « alliés » sont chaque jour battues en brèche...

Sœurs ennemies

La « mondialisation » progressive coûte cher, surtout en période de crise économique.

Pour réussir celle de Havas, Charles Houssaye signe un accord avec Aristide Briand, le 24 avril 1931 : l'Agence accepte à nouveau une subvention du Ministère des Affaires étrangères. Le Quai d'Orsay rembourse, à concurrence de 800 000 francs par mois, les frais de modernisation de la branche information et notamment de ses services rédactionnels en Europe, Amérique et Asie, en prévision d'une augmentation des recettes à venir.

Mais Léon Rénier, en juin 1938, annonce un déficit global d'exploitation et envisage la mise en liquidation de Havas Information.

Le 11 juillet, Georges Bonnet, ministre des Affaires étrangères, s'engage à prendre en charge pour dix ans l'ensemble du déficit de la branche Information. L'Agence y laisse quelques plumes et une partie de son indépendance.

Le dispositif international s'est modernisé, grâce aux fonds octroyés depuis 1931. Léon Rollin, journaliste expérimenté, entre à l'Agence (c'était le candidat du Quai) au nouveau poste d'inspecteur général des services étrangers ; sous sa direction, Havas s'équipe de moyens de transmission radiophoniques et recrute de jeunes journalistes, universitaires et diplomates : Maurice Schumann, Louis Joxe (chargés, en 1938, du service étranger diffusé en France), Louis Perrin, futur rédacteur en chef maison, Maurice Nègre, futur directeur de l'AFP...

« Information et propagande sont deux sœurs ennemies », répètent inlas-

Transmission du service des courses, appareils Printing 1920-1930

sablement les responsables de la rédaction ; « la règle première qui régit tous les services étrangers, c'est que tout esprit de propagande doit en être banni ». La guerre radiophonique et la concurrence entre agences, privées ou officielles, ne facilitent pas cette distinction ; Rollin, Perrin et leur équipe veillent à la fois à « diffuser la pensée française » et à n'accorder à l'information française, dans les services distribués à l'étranger, que « l'importance qu'elle présente intrinsèquement », et selon l'optique du pays récepteur.

Les tensions internationales sont telles que la place accordée à l'information étrangère, dans la presse quotidienne, devient primordiale. Six postes d'émission radiotélégraphique sont construits à Pontoise : ils diffusent les services Havas vers les deux Amériques et vers l'Extrême-Orient. Si la presse régionale dépend toujours de Havas pour l'information internationale, beaucoup de grands quotidiens parisiens, dont plusieurs à rayonnement national, créent leurs propres réseaux de correspondants dans les points stratégiques d'information ; des envoyés spéciaux les renforcent. Aucun, cependant, ne dispose d'un réseau aussi étendu, rapide et fructueux que celui de Havas et de ses agences alliées.

D'après un état dressé fin 1937, Havas recense les 47 pays, ainsi que les colonies et protectorats, où elle « fait pénétrer l'information française et mondiale » : 29 pays européens, 10 pays américains, 7 pays asiatiques et 1 pays africain (l'Egypte), reçoivent son service *Multihavas* (de 2 000 à 15 000 mots par jour). Elle emploie alors sur la planète, hors hexagone, plus de 500 correspondants.

Au total, dans les années 30, la branche Information compte 1 200 personnes (journalistes, techniciens et administratifs). Son volume quotidien atteint en moyenne 80 000 mots, et dépasse parfois les 100 000. Elle emploie toujours, pour les transmissions rapides, deux appareils automatiques dont elle détient les brevets. Le *printing* (1 000 mots à l'heure) qui débite pour des journaux de modeste importance et pour les abonnés privés (banques, administrations, hôtels, cafés), les nouvelles générales, financières et hippiques. Le *ticker* qui distribue 4 000 mots à l'heure aux grands quotidiens.

A Paris, où la rédaction est forte de 150 journalistes, cinq cents kilomètres de câbles rayonnent de ses caves vers ses abonnés les plus pressés (sur la France, sa toile d'araignée totalise 6 000 km de fils). Un fil spécial relie l'Agence à la Bourse, des « fils spéciaux » la relient à la Chambre et au Sénat. En province, elle a 400 collaborateurs, 63 succursales dont 19 sont

Transmission des cours et des nouvelles

desservies par fils spéciaux, comme plusieurs grands quotidiens régionaux. Ajoutons à cela les services qu'elle assure par fil télégraphique ordinaire, par téléphone, ou par courrier pour les petits journaux de province ; et les quelques 10 000 mots qu'aligne la toujours vaillante *Correspondance Havas.*

Havas dans le collimateur

Un tel réseau laisse peu de place aux concurrents : il inquiète.

Lors de la relance de sa branche Information, une campagne se déchaîne contre Havas dans la presse, au Parlement et à la Bourse. Sa prospérité spectaculaire entre 1918 et 1930 (même si une période d'austérité a suivi), son emprise sur les régies publicitaires, la diversité de ses intérêts financiers (elle contrôle le plus gros du capital de Radio-Luxembourg et une partie de celui de plusieurs journaux, débiteurs qui ne peuvent la rembourser autrement), tous ces facteurs font classer Havas parmi ces « puissances d'argent » que l'on tient pour responsables de la crise économique.

En août 1935, Léon Blum, dans Le Populaire, préconise la nationalisation d'une série de grandes entreprises, afin de libérer la presse de l'oligarchie financière : « C'est elle qui possède directement ou indirectement une partie des grands journaux, c'est elle qui corrompt ou inspire les autres ». Au premier plan de la ligne de mire, Havas. Dans un éditorial du même journal, l'année suivante, Paul Faure, de la SFIO, propose sa nationalisation, au même titre que la Banque de France ou l'électricité.

Le gouvernement Blum du Front Populaire, lui, propose son démembrement, et la séparation des branches Information et Publicité.

Ces souhaits ne sont pas exaucés. Seul succès obtenu par Blum : la démission du conseil d'administration de Havas, le 4 novembre 1936, de Pierre Guimier, qui menait une campagne violente contre le Front Populaire dans son quotidien Le Journal. Léon Rénier, impassible : « Sans trahir aucun secret, je veux bien dire que l'Agence Havas ne peut vivre une heure si elle est fâchée avec un gouvernement, quel qu'il soit. »

TSF et rhéostats Havas en 1920-1930

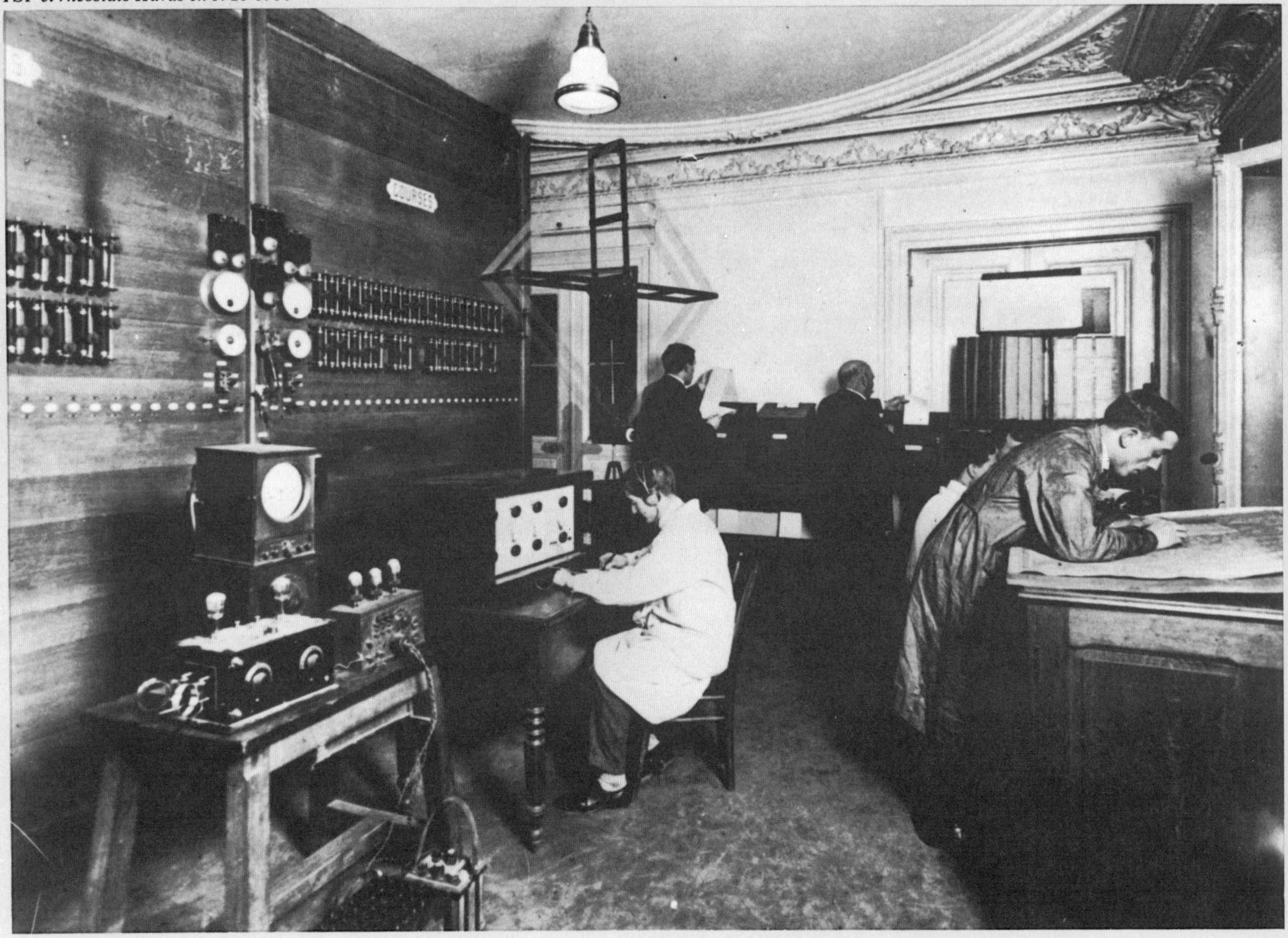

LA COUVERTURE DE LA GUERRE D'ESPAGNE
(1936)

Le général Franco

Le samedi 18 juillet 1936, Havas-Paris reçoit de Tanger, de Gibraltar, de Hendaye et de Lisbonne, des dépêches faisant croire à un coup d'Etat contre le gouvernement républicain d'Espagne. D'Espagne, rien : les communications sont coupées. La meurtrière guerre civile commence. Pour le Front Populaire, issu des élections du 16 février 1936, c'est un grand test international : beaucoup de Français y voient une transposition du conflit opposant communistes et l'extrême-droite en France même ; face à l'aide que donnent aux rebelles du Général Franco l'Allemagne et l'Italie fascistes et aux forces gouvernementales la Russie et d'autres sympathisants communistes et socialistes. Ce conflit apparaîtra comme une avant-première de ce que sera la deuxième guerre mondiale.

Censure et « bourrage de crânes » reviennent comme aux mauvais jours de 1914-18. L'agence Havas s'aperçoit rapidement qu'elle ne peut guère compter sur l'agence alliée, Fabra. Elle met en place un dispositif de couverture auprès des forces gouvernementales et des forces franquistes. Ces dernières seront, et de loin, les plus avares en informations, les plus douées en propagande.

Dès le dimanche matin, 19 juillet, le chef du bureau Havas à Madrid, Georges Le Lorrain, et Christian Ozanne, partent en voiture avec deux journalistes espagnols, pour l'Andalousie. Arrêtés par les Républicains, interrogés, relâchés et refoulés sur Bailen, ils abandonnent leur voiture et prennent le dernier train qui remonte sur Madrid. Les deux espagnols, eux, se dirigent vers Grenade, où on les fusillera par la suite. Ainsi le ton des rapports militaires-journalistes est-il rapidement et clairement donné.

Le premier reporter envoyé par Havas en Espagne nationaliste est Jean d'Hospital (le 31 juillet) : excepté une absence de deux mois – blessé, il est rentré, en France – il réussit à y rester pendant toute la guerre. Ses collègues s'en sortent moins bien : des six collaborateurs qui le secondent à des moments divers, deux au moins sont emprisonnés et l'un d'eux, Henri Malet-Dauban, accusé d'espionnage, est menacé d'exécution capitale. Les nationalistes limitent à deux le nombre de correspondants de Havas dans la zone rebelle : d'autres agences les américaines UP et AP, et les fascisantes Stefani (Italie) et DNB (Allemagne), en ont souvent trois ou quatre. Envoyé auprès des nationalistes, à Séville, le 28 août, Albert Grand rejoint ensuite Jean d'Hospital dans le nord de l'Espagne, auprès de l'état-major de Franco. Il se fait vite une opinion sur les difficultés qu'ils rencontrent, « dues à leur qualité de Français. Partout de la mauvaise volonté, des affronts incessants ; toutes les faveurs vont aux Allemands et aux Italiens, principalement aux premiers, qui sont les vrais maîtres ici (...) D'autre part, il ne faut pas croire qu'un correspondant de guerre quelconque puisse assister à l'entrée des vainqueurs dans une ville, pour la bonne raison qu'on écarte les journalistes lorsqu'on procède aux exécutions qui suivent inévitablement une victoire. M. Grand affirme avoir vu, près de Tolède, sur un trajet de deux kilomètres, 3 000 cadavres ».

Comme le note l'historien Herbert R. Southworth, qui a étudié la Destruction de Guernica, les agences publient rarement ce type d'information. De nombreux renseignements fournis par les envoyés spéciaux de l'agence à Havas-Paris sont communiqués au Quai d'Orsay et ne sont inclus, ni dans le service Havas diffusé en France, ni dans ceux diffusés à l'étranger.

Un système est mis en place avec les envoyés spéciaux pour mettre en garde Paris contre des informations qui n'avaient pas été vérifiées. « Lorsque M. d'Hospital ne peut se porter garant des assertions contenues dans ses dépêches, il termine ces dernières par une mention qui éveille l'attention de la rédaction et l'amène à user avec circonspection des dites dépêches ». (2.11.1937).

Les accrédités auprès des nationalistes sont, en effet, amenés à transmettre à Paris des informations qu'ils ne peuvent pas toutes contrôler. Le 26 avril 1937, l'aviation allemande bombarde et détruit Guernica, l'ancienne capitale basque : avant-guerre cet événement a un impact comparable à celui qu'aura Hiroshima en 1945. Le 1er mai, de Vitoria, le correspondant Havas Georges Botto, rend compte de sa visite à Guernica et se fait l'écho de la version des nationalistes qui soutiennent qu'il n'y a pas de traces de bombes dans Guernica et que les Républicains ont eux-mêmes incendié la ville, le 26 avril. Enquêtant sur cette information Havas, l'ambassadeur britannique à Paris obtient, en confidence du quai d'Orsay, une information et un conseil : « Il y a lieu de croire que le représentant de Havas n'a pas écrit ce récit

Républicains espagnols

de première main, mais qu'il lui a été imposé par les nationalistes (...) aucun usage ne peut être fait de cette précision de peur que son auteur ne soit fusillé ». Le 4 mai, Yvan Delbos, le ministre français des Affaires Etrangères lui précise que le télégramme Botto est arrivé avec l'ajout suivant : **« Noter, diffuser largement cette dépêche »** – formule qui signifie que « les nouvelles fournies sont inexactes ou qu'elles ont été rédigées sous quelque pression ; ce qui est le cas dans la présente instance ». La diplomatie allemande n'hésita pas, évidemment, à utiliser la dépêche Botto à l'appui de sa version des événements de Guernica.

Botto est entré à l'Agence en décembre 1932. Havas l'envoie en Espagne en février 1937 : il est alors le seul correspondant français de l'Agence dans la zone insurgée, Malet-Dauban étant en prison et menacé d'exécution, et Jean Hospital en congé en France. S'il sait que sa dépêche de Vitoria comporte de faux renseignements, fournis par les nationalistes, il sait aussi qu'il en a averti l'Agence et qu'il importe d'éviter toute action susceptible d'entraîner son expulsion.

Le dispositif Havas mis sur pied pour couvrir les événements est aussi complet que les circonstances le permettent. Le 1er septembre 1936, Havas le présente ainsi : en plus du chef de poste Georges Le Lorrain, blessé le 20 août près d'Espinoza et Christian Ozanne – ex-directeur du Bureau de Madrid – qui couvrent la presse côté républicain, ils sont six : – Jean d'Hospital, en poste à Burgos, auprès du quartier général des forces franquistes et Albert Grand, auprès du quartier général rebelle à Séville ; Marcel Dany, premier correspondant étranger à pénétrer en Espagne par la frontière portugaise et à rendre compte du « massacre de Badajoz » ; Jean Ducros, l'un des premiers correspondants étrangers à réussir à franchir la frontière franco-espagnole et à couvrir les combats dans le nord de l'Espagne ; André Chateau, en poste à Hendaye, et Jean Loriac, qui couvre Tanger, la zone internationale du Maroc et Ceuta, que détiennent les insurgés.

Des douzaines de « pigistes » dans des localités d'importance secondaire à travers l'Espagne, le Portugal, et dans les zones française et espagnole du Maroc sont également utilisés.

Par ailleurs l'évolution de la situation diplomatique est largement développée par les bureaux Havas de Londres, Paris, Berlin, Rome, etc.

Jean d'Hospital qui joue un rôle clef dans le dispositif Havas, comme correspondant auprès du Général Franco, a coutume d'envoyer à Charles Houssaye ou à d'autres administrateurs de l'agence Havas, des rapports confidentiels où il fait état de la guerre et de sa couverture « dont je ne puis rien tirer pour mon service ». A plusieurs reprises, il obtient des interviews exclusifs du Général Franco. En 1938, il le présente ainsi : « Cet homme – je vous l'ai déjà dit – est, à sa manière, un saint. Il est dangereusement dépourvu de sens politique ; il est entouré de gens en lesquels il n'a aucune confiance ; il est plus sûr que jamais de sa mission et de sa victoire. Inspiré, alliant un mysticisme racial et religieux en une foi profonde en son destin, sans la moindre ambition personnelle, il poursuit ses buts. Son but, avant tout, c'est de « purger » l'Espagne des théories marxistes. Il entend ensuite

Républicains espagnols

Jean d'Hospital rédige une dépêche

imposer le respect de la religion catholique, dogmes et pompes, puis faire de son pays une puissance comptant dans le concert européen.
Le savez-vous bien ? Au Quai le sait-on ? Franco est un homme pur et simple qui se croit prédestiné. Le superbe Espagnol n'apparaît guère dans son atmosphère, mais il est pourri de l'orgueil espagnol. Des pensées ténébreuses ? Des projets précis ? Point. Investi de pouvoirs illimités, nul ne se place sur son chemin. Nul ne se permet de le discuter. Mais certains généraux, dans des conversations privées commencent – et c'est nouveau – à indiquer qu'ils doutent de son génie militaire... ».

Décoré de la Légion d'honneur, à titre militaire, Jean d'Hospital est entré dans la presse parisienne en 1918 (Matin 1923-1924 – Paris-Soir 1924 à 1928 et l'Ami du Peuple) avant d'aller chez Havas en 1930. Ce journaliste qui réussit à sortir l'information sur les nationalistes malgré les mauvais rapports entre militaires, « officiers de presse », et correspondants étrangers, malgré la censure et les difficultés techniques, observera, dans un rapport du 30 janvier 1938 : « J'ai appris ici à n'utiliser que le conditionnel...(;) je n'arrive plus à bien discerner où commence mon sentiment de Français et où se termine mon devoir de journaliste ».

Il résume très bien une des principales difficultés de ce métier et encore plus du journaliste d'agence : réussir à prendre suffisamment de recul par rapport à ses propres sentiments pour informer le plus objectivement possible.

Mais le correspondant le plus prestigieux de cette période est sans doute André Chateau qui allait connaître la « Une » de la presse internationale. De Hendaye, il passe dans la province de Guipuzcoa, et réussit à entrer chez les rebelles par la route de Navarre, se rend à Pampelune, à Burgos, interviewe le Général Mola, commandant en chef des nationalistes dans le pays Basque, et pousse jusqu'au front de la Guadarrama, où on lui conseille de regagner la France : les franquistes ont appris qu'il est allé précédemment chez les Républicains. Il y rentre mais repart par bateau de Saint-Jean-de-Luz à Saint-Sébastien, ville qu'il quitte la veille du jour où un membre de l'équipe d'Hospital y entre avec les franquistes. Nouveau retour en France, mais très vite, il part pour Madrid. En octobre et novembre 1936, Chateau avec Ozanne et Rossinelli, correspondant local, rend compte des bombardements sur la capitale, et des combats sanglants entre franquistes et républicains ; pour envoyer des informations, il se rend à pied à la Telefonica, dans la Gran Via, et entre en contact avec Paris d'une cabine, sous le contrôle d'un censeur armé d'un dispositif à pédale. Fin novembre, Jean Rollin arrive à Madrid pour y relever Chateau qui le 8 décembre prend l'avion, avec l'un des rares correspondants de journaux français à Madrid, Louis Delaprée de *Paris-Soir.* L'avion de l'ambassade qui les ramène en France est abattu. Ramenés à Madrid toujours bombardée, Delaprée meurt et Chateau, grièvement blessé (on lui amputera, par la suite, une jambe), ne peut quitter l'hopital il sera, un peu plus tard transféré dans une clinique à Bordeaux. Chateau se voit décerner, à l'âge de 29 ans, la Légion d'honneur, applaudi par ses confrères français et étrangers. Il poursuivra sa carrière d'agencier et finira directeur des Affaires françaises.

1939 : « Pour l'information, il n'y a pas d'ennemi ». La formule (de Léon Rollin) est belle... mais difficile à respecter au long des mois qui précèdent la guerre.

Le 29 novembre 1939, Staline dénonce « les mensonges de l'Agence Havas ». En avril 1940, *La Vita Italiana,* d'obédience faciste, présente Havas comme « fomentrice de la guerre » et « soumise à l'influence juive ». Depuis la crise de Munich (1938), la manière dont l'Agence couvre l'actualité internationale est de plus en plus contestée par la presse, en France aussi bien qu'à l'étranger. Le directeur du bureau londonien (et l'un des futurs directeurs-généraux de l'AFP), Paul-Louis Bret, écrira plus tard : « Les faits les plus importants auxquels le citoyen aurait eu droit entre les années 1935 et 1939 pour contrôler les gouvernements ne furent jamais donnés par ces gouvernements ni par les cercles dits responsables... Dans la mesure où les agences attendaient que les indications fussent données par des personnes responsables ou par des cercles responsables, elles se vouaient à l'impuissance. »

1940 : ironie du sort, c'est l'invasion allemande qui provoque la réalisation des projets de la gauche de 1936, le démantèlement et la nationalisation de Havas. Au lendemain de la signature de l'armistice, le 25 juin 1940, ses bureaux sont mis sous séquestre. Un décret de septembre la scinde en deux : la branche Information devient l'« Office français d'Information », agence officielle de l'Etat. La branche publicité passe en partie sous contrôle de l'Etat son capital est réparti entre les anciens actionnaires (32,4 %), l'Etat français (20 %) et un groupe commercial allemand (47,6 %). Ce dernier sera exproprié en 1944 ; l'Etat contrôle, depuis, la majorité des actions de Havas Publicité.

D'anciens agenciers de la branche Information entrent dans la Résistance : Maurice Nègre, Jean Lagrange, Claude Martial Bourgeon, Gilles Martinet. Avec quelques jeunes résistants comme Claude Roussel, ils créent des agences clandestines : AID, Supernap... on les retrouvera tous, après la guerre, à des postes clés.

Voici... JEAN MARIN

« Serrés autour de celui qui a assuré la continuité d'une histoire de France sans taches, c'est vers vous que ne cessaient d'aller toutes nos pensées... »

" Et quelle joie de vivre ce triomphe du retour à Paris où l'âme retrouvée de la France a plané sur toute une foule libre et replacée devant son vrai destin. "

JEAN MARIN
(vu par Yonnet.)

Mitraillettes et machines à écrire

A Londres, des anciens de Havas et d'autres journalistes lancent la célèbre émission de la BBC : « Les Français parlent aux Français ».

Yves Morvan, (sous le pseudonyme de Jean Marin, futur patron de l'AFP de 1954 à 1975) est des leurs. Maurice Schumann est le porte-parole de la France combattante à la radio. L'Agence Française Indépendante (AFI) est créée, y collabore Fernand Moulier, futur directeur de l'Information de l'AFP. Paul-Louis Bret quitte bientôt Londres pour la France puis pour Alger où il organise après le débarquement allié de novembre 1942 « France Afrique », préfiguration avec l'AFI d'une nouvelle agence indépendante : mars 1944 l'Agence Française de Presse est constituée.

A la Libération de Paris, le 20 août 1944, un groupe d'anciens membres de l'agence Havas (résistants et membres des Forces Françaises Libres) monte au 3ᵉ étage de l'immeuble Havas, place de la Bourse, où se trouve encore la rédaction en chef. Ils déposent leurs mitraillettes sur les bureaux, s'emparent de machines à écrire, rédigent et transmettent la première dépêche de « l'agence libérée » : une page d'histoire est tournée.

Les dirigeants de la nouvelle-née sont d'opinions politiques différentes, mais tous attachés à l'idée de recréer une agence à rayonnement mondial, qui serait la propriété d'une coopérative de journaux. Malheureusement, la presse française renaissante n'est pas en mesure d'assurer, sur le plan économique, un dispositif international. L'Etat y pourvoira.

Le 30 septembre 1944, une ordonnance crée, à titre provisoire et avec effet rétroactif, l'Agence France-Presse, établissement public doté de la personnalité civile et de l'autonomie financière. Un régime « provisoire » sous lequel l'AFP vivra treize ans, en position souvent délicate : sur le plan intérieur, où elle dépend des gouvernements en place (et ils seront nombreux), comme sur le plan extérieur, où on a tendance à la considérer comme une agence officielle. Cependant – et malgré la modicité de leurs moyens face aux grandes agences américaines, Associated Press, United Press, et International News Service –, les membres de l'AFP réussissent à reconstituer rapidement un dispositif international sur les traces de l'ancien réseau Havas.

Dès août 1945, Serge de Gunzburg est à Kunming pour implanter l'AFP en Chine. En 1947, l'agence a deux correspondants à Shangai, un à Pékin, un à Nankin. L'AFP sera d'ailleurs longtemps la seule grande agence occidentale à avoir des correspondants à Pékin, Hanoï et Saïgon, avantage considérable pour couvrir les phases successives du drame indo-chinois. L'effort est de taille, durant la seule année 1946, les postes hors métropole passent de 36 à 56.

AGENCE FRANCAISE DE PRESSE

20 AOUT 1944 – N° I

A TOUS LES JOURNAUX LIBRES DE PARIS

Grace a l'action des Forces Françaises de l'Intérieur, les premiers journaux libres vont paraitre, à la veille de l'entrée des troupes alliées, dans Paris presque entièrement libéré.

L'Agence Française de Presse leur adresse aujourd'hui son premier service.

L'Agence Française de Presse poursuit ainsi l'action qu'a mené, jusqu'à maintenant, dans la Resistance, l'A.I.D. clandestine.

Au moment où des combats se livrent encore dans la ville, et ou tombent de nouveaux combattants de la Liberté, nous saluons tous nos camarades de la presse, disparus, emprisonnés et déportés et notamment nos 2I collaborateurs tombés dans les mains de la Gestapo.

Au service de tous les journaux libres, l'Agence Française de Presse, assurera, avec l'objectivité stricte qui est le devoir d'un organisme d'Information, la diffusion de nouvelles scrupuleusement controlées, et recoupées, qui, en attendant l'installation d'une censure militaire, ne doivent en rien gener la marche des opérations sur les différents fronts.

Première dépêche de l'agence libérée

1950, la jeune AFP a reconquis une bonne partie du terrain. Sa vitesse de réaction à la mort de Staline en est un témoignage. Frappé d'hémiplégie au début de mars 1953 ; on s'attend que la nouvelle fatale de sa mort soit donnée par la radio soviétique au début du bulletin d'informations qu'elle diffuse d'heure en heure. Place de la Bourse, le service des écoutes des radios de l'Est est en état d'alerte 24 heures sur 24. Le vendredi 6 mars, à 2 h 11, l'AFP lance le flash : « Staline est mort ». Radio-Moscou ne l'annonce... qu'un quart d'heure plus tard dans son bulletin. « Fantaisie » ? Non : la nouvelle a été lâchée à la fin d'une émission musicale de Radio-Moscou, que le service des écoutes a réussi à capter. Avec ce scoop mondial, l'AFP bat de 2 minutes les Etats-Unis, de 30 minutes ou plus d'autres pays. La NBC, le plus important réseau de radio et TV des Etats-Unis, utilise l'information AFP et souligne qu'elle a été la première. « C'est avec des résultats semblables que nous affirmerons notre autorité et notre indépendance », déclare Maurice Nègre, directeur général de l'AFP, en félicitant ses agenciers.

LA MORT DE STALINE

ETRANGER — 6 mars. 2 h. 11.

flash nº 1.

STALINE DECEDA.

(A.F.P.) on.

-=-=-

FLASH nº 2.

La radio de MOSCOU annonce STALINE DECEDA.

(A.F.P.)

-=-=-

FLASH nº 3.

La radio de MOSCOU annonce STALINE DECéda 21 h. 50 heure locale. (A.F.P.)

on.

-=-=-

L'AFP dans les années 50

Une grande agence mondiale

Son indépendance, l'AFP l'obtiendra par la loi du 10 janvier 1957 sur sa réforme et son statut.

Organisme *sui generis,* l'AFP est une entreprise privée dont le fonctionnement est assuré selon les règles commerciales ; ses revenus lui sont assurés par la vente de ses services en France et à l'étranger.

Facteur essentiel, le PDG est élu pour trois ans par un Conseil d'administration dont la majorité des membres (8 sur 15) représentent les directeurs de quotidiens français. Les autres membres représentent les sociétés du service public de l'audiovisuel (2), les établissements publics abonnés à l'Agence (3) et le personnel de celle-ci (2) : un journaliste et un non-journaliste).

L'Etat n'est plus qu'un des clients de l'entreprise.

Un Conseil supérieur de personnalités politiques indépendantes veille au respect des « obligations fondamentales » de l'AFP ; il garantit l'impartialité et l'exactitude des nouvelles, la non-ingérence de tout groupe de pression idéologique, politique ou économique.

L'Agence doit en outre, dans la mesure de ses ressources, « assurer l'existence d'un réseau d'établissements lui conférant le caractère d'un organisme d'information à rayonnement mondial. » En vigueur depuis près de quarante ans, le statut de 1957 a fait ses preuves ; pourtant, la cause n'était pas entendue dès le départ. Le Figaro du 17 avril 1957 le souligne : « L'AFP de demain sera beaucoup ce que sera son directeur général ».

C'est Jean Marin, Gaulliste de la première heure, dont l'autorité s'impose à tous, qui reçoit ce lourd cadeau. Jusqu'en 1975, date à laquelle il ne demandera pas le renouvellement de son mandat, la première agence de presse française redevient l'une des quatre grandes agences mondiales.

Pendant cette période, avec des effectifs à peu près les mêmes qu'en 1957 (environ 2 000 personnes), elle double son volume d'activités et quadruple son chiffre d'affaires.

En 1957, elle possède 25 bureaux en province, 46 à l'étranger, 13 dans les territoires d'outre-mer ; elle a des correspondants dans 116 pays.

En 1975, son réseau couvre tous les pays du globe et elle distribue son service dans plus de 150 pays, contre 73 en 1957.

1975 est aussi l'année d'un tournant technologique : le début de l'informatisation des réseaux, qui doit accélérer d'un tiers, au moins, le temps de transport des dépêches. Quand on sait que la compétition des grandes agences mondiales, dans la course aux nouvelles, se joue à la minute près, on mesure l'importance de cette décision, prise dès 1973 par Jean Marin.

L'informatisation, et le recours de plus en plus fréquent aux satellites, permettront également un sensible développement du volume des informations transmises : de 600 000 mots par jour en 1975, il passe à 1 million de mots aujourd'hui.

Soit l'équivalent, chaque jour, de quinze livres de 200 pages...

La salle des desks en 1950

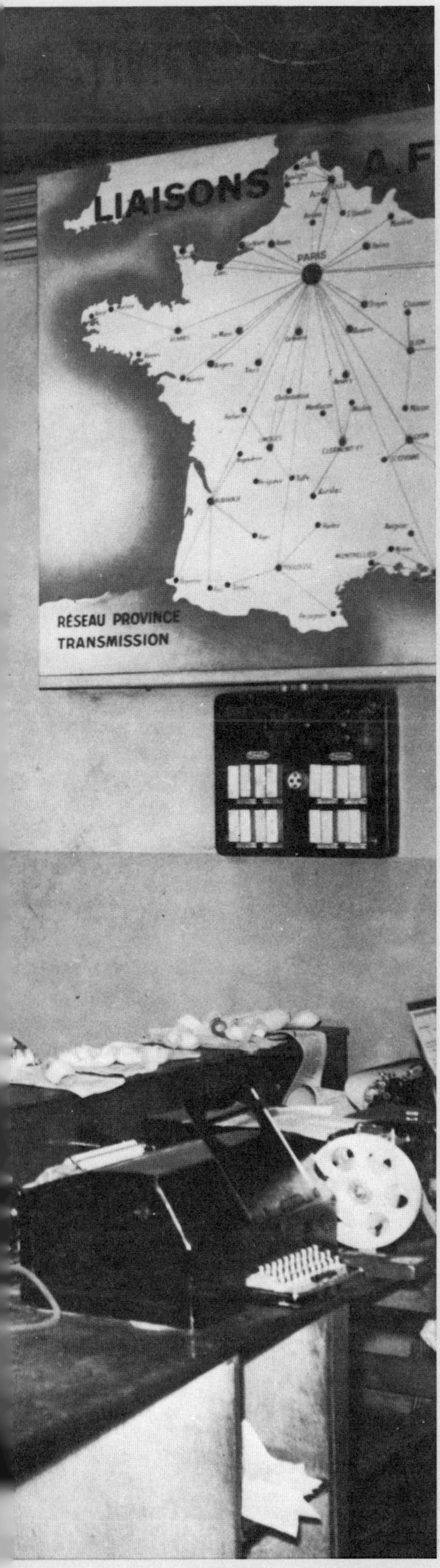

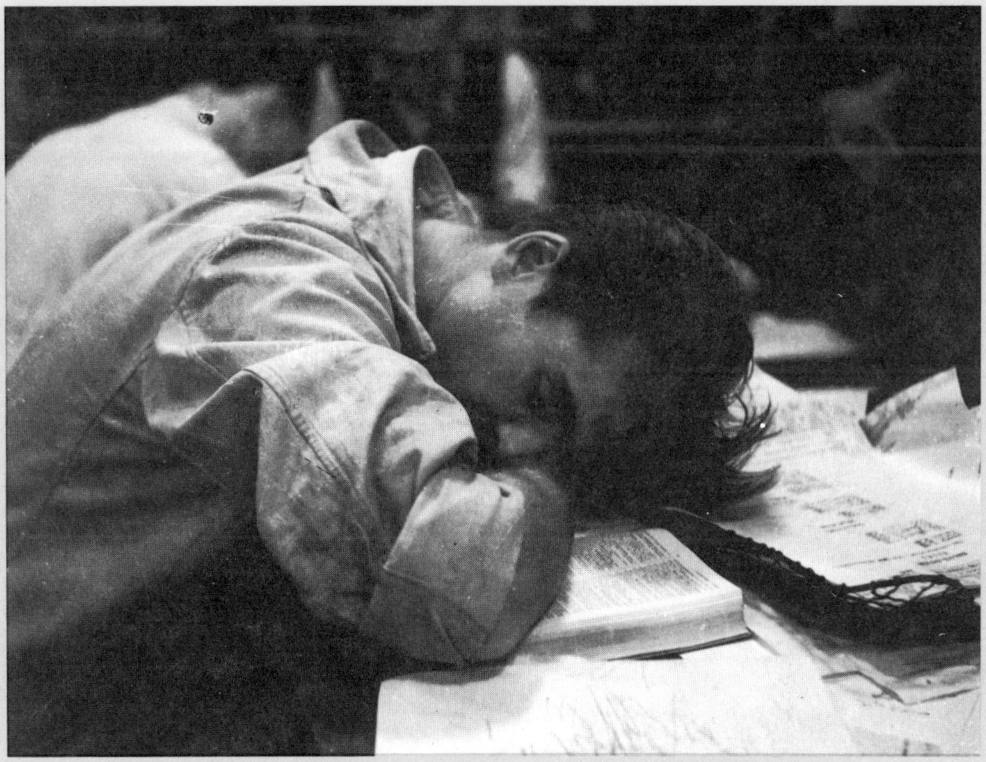

L'AFP dans les années 50

AGENCE
FRANCE-PRESSE

BIBLIOGRAPHIE

Boyd-Barett Olivier, Palmer Michaël, Le Trafic des nouvelles – les agences mondiales d'information –, éd. Alain Moreau, Paris, 1981

Brot Isabelle, Les archives de l'agence Havas (Branche Information) 1875-1940 conservées aux Archives nationales, SEVPEN, Paris, 1969

Feyel Gilles, « Correspondances de presse parisiennes des journaux de province de 1828 à 1856 ». Documents pour l'histoire de la Presse nationale au XIXe et XXe siècle, coll. Documentation, éd. du C.N.R.S. Paris, 1977

Frederix Pierre, Un siècle de chasse aux nouvelles – de l'Agence d'Information Havas à l'Agence France Presse – 1835-1957, éd. Flammarion Paris, 1959

Palmer Michaël, Des petits journaux aux grandes agences – naissance journalisme moderne 1863-1914 – éd. Obier, Paris, 1983

Storey Graham, Reuter' Century 1851-1951, éd. Max Parrish, London, 1951

L'Agence France Presse (A.F.P.), Notes et Etudes Documentaires 23 novembre 1976 n° 4336-4337, La Documentation Française, 1976

Manuel de l'agencier, A.F.P., Paris, 1982

Sous la direction de Claude Bellanger et alii, Histoire générale de la Presse tome II à V, éd. P.U.F, Paris, 1969

CREDITS PHOTOGRAPHIQUES

AFP – pages 24, 25, 27, 28, 29, 42, 53, 55, 67, 73 à 75, 82, 83, 84, 86 à 96
Archives Nationales – pages 78, 79, 80 (Archives Havas/AFP)
Bibliothèque Nationale – pages 54, 56, 59 à 61, 65, 68, 69, 70, 77
C.N.E.T. – pages 56, 64, 71, 72
Keystone – pages 26, 85, 86, 87
Guy Le Querrec/Agence Magnum – pages 6, 9, 13, 17, 23, 30 à 36, 38 à 43, 45
Musée de la Marine – Paris – pages 62, 63
Michael Palmer – page 86
Roger Viollet – page 58

Texte partie historique avec la collaboration de Michael Palmer.

Imprimerie Bouchy.
N° d'imprimeur 1640.
N° d'éditeur 83

ISBN 2-86597 - 030 - 2
Dépôt légal octobre 1985

Tous droits réservés

L'AFP ET ''LE MONDE'' SONT DE VIEUX CAMARADES. VOILA QUARANTE ANNEES BIEN TASSEES QUE S'EST INSTITUEE ENTRE EUX UNE COLLABORATION SI ETROITE QU'ON A PEINE A IMAGINER QU'ILS VIVENT L'UN SANS L'AUTRE. SANS L'AGENCE, SANS L'IMMENSE RESEAU DE CORRESPONDANTS QU'ELLE MAINTIENT SUR TOUTE LA PLANETE, CE SONT DES PANS ENTIERS D'ACTUALITE DONT LA PRESSE QUOTIDIENNE SERAIT INCAPABLE DE RENDRE COMPTE. AUSSI BIEN NE SAURAIT-ON CONCEVOIR UN NUMERO DE NOTRE JOURNAL SANS SON CONTINGENT DE NOUVELLES MARQUEES DU SIGLE AFP. ET ENCORE NE S'AGIT-IL LA QUE DE LA PARTIE VISIBLE DE L'ICEBERG, CAR BON NOMBRE DE FAITS RAPPORTES ICI OU ANALYSES AILLEURS NE SONT CONNUS DES REDACTEURS DE LA RUE DES ITALIENS QUE PARCE QU'ILS SONT PASSES SUR LES TELESCRIPTEURS DE LA PLACE DE LA BOURSE.

IL EST VRAI QU'IL Y A LA CONCURRENCE, SOUVENT EXCELLENTE, VENUE DE GRANDE-BRETAGNE OU DES ETATS-UNIS. MAIS LE SERVICE DE L'AFP A L'IMMENSE AVANTAGE, PAR RAPPORT AUX AGENCES ANGLO-SAXONNES, D'ETRE PENSE EN FRANCAIS POUR DES UTILISATEURS FRANCAIS OU, EN TOUT CAS ET POUR MIEUX DIRE, FRANCOPHONES. LE TRAVAIL DES JOURNALISTES DE L'ECRIT EST BIEN ENTENDU FACILITE, DANS LA MESURE OU BIEN SOUVENT ILS PEUVENT REPRODUIRE TEXTUELLEMENT LES DEPECHES DE L'AFP. MAIS IL Y A PLUS : RIEN NE VEHICULE LES IDEES COMME LA LANGUE : L'AFP JOUE A CE TITRE UN ROLE IRREMPLACABLE DANS LE MAINTIEN DE L'INFLUENCE CULTURELLE FRANCAISE DANS UN UNIVERS OU S'IMPOSE CHAQUE JOUR UN PEU PLUS LA VERITE DE LA CONSTATATION FAITE DES 1917 PAR UPTON SINCLAIR : ''LE MONDE S'UNIFIE C'EST-A-DIRE QU'IL S'AMERICANISE''. A TOUS CEUX QUI PENSENT QUE L'ENNUI NAIT DE L'UNIFORMITE, LA DIFFUSION QUOTIDIENNE AUX QUATRE COINS DU GLOBE D'UN SERVICE DE NOUVELLES EN FRANCAIS APPORTE L'ATOUT ESSENTIEL DE LA DIFFERENCE.

DANS CE METIER EXPOSE EN PERMANENCE AUX TENTATIONS DE L'A-PEU-PRES, DE LA PARESSE ET DE LA VANITE, LA DISCIPLINE ATTENDUE DES ''AGENCIERS'' IMPOSE LES VERTUS EXACTEMENT CONTRAIRES : LA STRICTE VERIFICATION DU MOINDRE FAIT RAPPORTE, L'ESPRIT DE CONCURRENCE, L'ATTENTION SOUTENUE, LE DESINTERESSEMENT. QUE DE TALENTS, QUE DE DEVOUEMENTS A REGROUPE L'ANONYMAT QUI EST LE PLUS SOUVENT LA REGLE A L'AFP. COMMENT NE PAS EVOQUER A CE PROPOS LE SOUVENIR DE JEAN ALLARY, QUI DIRIGEA PENDANT LONGTEMPS LES SERVICES DIPLOMATIQUE ET POLITIQUE DE L'AGENCE, AVANT DE DISPARAITRE DANS UN ACCIDENT D'AVION ? SA CULTURE ETAIT IMMENSE, SON ESPRIT, QUI LUI INSPIRAIT LES PLUS JOYEUSES CONTREPETERIES, SANS RIVAL, SES ANALYSES D'UNE EXTREME FINESSE. QUI, EN-DEHORS DES INITIES DU SERAIL, SAVAIT SEULEMENT SON NOM ?

C'EST A TRAVERS LUI QUE J'AI DECOUVERT POUR MA PART, IL Y A BIEN LONGTEMPS, L'UNIVERS DE L'AGENCE FRANCE PRESSE, VASTE RESERVOIR D'AMIS EN PUISSANCE, TOUJOURS DISPONIBLES POUR DONNER UN COUP DE MAIN A L'ENVOYE SPECIAL DU ''MONDE'' LORSQU'IL TOMBE DU CIEL, UN BEAU MATIN, EN TERRE INCONNUE.

DE MEME QU'IL N'ETAIT PAS EVIDENT DE REUSSIR A MAINTENIR DANS LE MONDE OU NOUS SOMMES UN GRAND QUOTIDIEN INTERNATIONAL DE LANGUE FRANCAISE, DE MEME N'ETAIT-IL PAS DIT D'AVANCE QU'UNE AGENCE DE PRESSE DE LANGUE FRANCAISE RESTERAIT, EN CETTE FIN DE SIECLE, L'UNE DES QUATRE GRANDES AGENCES MONDIALES. LE MERITE EN REVIENT CERTES A SES JOURNALISTES, MAIS AUSSI A CEUX QUI ONT EU, DU CHER JEAN MARIN A HENRI PIGEAT, EN PASSANT PAR CLAUDE ROUSSEL ET ROGER BOUZINAC, LA LOURDE CHARGE DE CONDUIRE LE NAVIRE.

ANDRE FONTAINE
LE MONDE